Konrad Baumgartner (Hrsg.)

Trauer und Hoffnung feiern

Feiern mit der Bibel
Band 21

Konrad Baumgartner (Hrsg.)

Trauer und Hoffnung feiern

Impulse und Modelle

Verlag
Katholisches Bibelwerk

www.bibelwerk.de

ISBN 3-460-08021-3

Umschlag: Finken & Bumiller, Stuttgart
Coverbild: Bildagentur Mauritius images
Satz: Rund ums Buch, Kirchheim/Teck
Druck: Gulde-Druck, Tübingen

Inhaltsverzeichnis

Vorwort des Herausgebers

Nachdem über längere Zeit hin Sterben und Tod in der Gesellschaft Westeuropas öffentlich sehr stark tabuisiert wurden, stellen Beobachter fest: die Themen haben wieder neu Aufmerksamkeit und Interesse erfahren, die Publikationen dazu gehen derzeit ins kaum mehr Überschaubare. Die Akzente sind dabei vorrangig im psychologischen und esoterischen Bereich auszumachen, theologische und liturgisch-pastorale finden weit weniger Aufmerksamkeit. Dabei sind es doch gerade die Christen, die zu diesen Fragen Wesentliches beitragen können – für die Wahrnehmung und für den Umgang mit den existentiell betreffenden Fragen von Sterben, Tod, Bestattung und Trauer.

Entscheidende Momente sind dabei die darauf bezogenen Feiern, die aus der Kraft des christlichen Glaubens „zwischen Trauer und Hoffnung“ im Blick auf den gekreuzigt-auferstandenen Herrn Jesus Christus begangen werden. Christlicher Glaube verwischt nicht die Trauer, sondern durchformt sie aus der Kraft des Pascha-Mysteriums. Um Überlegungen und Gestaltungen zu solchen Feiern, dabei sich ereignender Verkündigung und voraus- bzw. nachgehender Seelsorge, geht es in den Beiträgen des vorliegenden Sammelbandes.

Als Herausgeber danke ich allen Mitarbeiterinnen und Mitarbeitern herzlich für die Erstellung der Texte. Nicht weniger aber gebührt mein Dank dem Verlag Katholisches Bibelwerk, in dem sich Herr Wilfart um die Vermittlung und Realisation der Publikation verdient gemacht hat. Mein besonderer Dank gilt Herrn Joseph Cardinal Ratzinger für die Überlassung seiner Ansprache zum Gedenken an Papst Johannes Paul II.

Die vorliegende Publikation widme ich in aufmerksamer Verbundenheit ihm, der heute zum neuen Papst gewählt wurde und als Benedikt XVI. die Kirche von Rom und des Erdkreises leitet.

Regensburg, am 19. April 2005
Konrad Baumgartner

Konrad Baumgartner

Aus christlicher Sicht mit Tod und Trauer umgehen

1. Einführung

Auf einem Kalenderblatt habe ich ein Wort von *Hildegard Knef* gelesen: „Die Welt ist geschwätzig und vorlaut, so lange alles gut geht. Nur wenn jemand stirbt, dann wird sie verlegen, dann weiß sie nichts mehr zu sagen. Genau an dem Punkt, wo die Welt schweigt, richtet die Kirche eine Botschaft aus. Ich liebe die Kirche um dieser Botschaft willen." Um diese Botschaft des Evangeliums, welche die Kirche vermittelt, soll es hier gehen. Denn: Glaube und Kirche haben Wesentliches zu sagen und zu vermitteln, wenn es um Tod und Trauer geht.

Als Perspektive dabei ist das Wort von *Charles Peguy* bedenkenswert: „Der Tod ist nichts. Das, was ich für euch war, bin ich immer noch. Lacht weiterhin über das, worüber wir gemeinsam gelacht haben. Betet und denkt an mich, damit mein Name im Hause ausgesprochen wird, so wie es immer war. Der Faden ist nicht durchschnitten. Warum soll ich nicht mehr in euren Gedanken sein, nur weil ich nicht mehr in eurem Blickfeld bin? Ich bin nur auf der anderen Seite des Weges."

Die Toten – auf der anderen Seite des Weges, sind eingegraben in unser Gedächtnis und in unsere Erinnerung, vor allem aber: beheimatet in Gott und uns Menschen in neuer, anderer Weise zugleich nahe. Das ist die Botschaft, die wir Christen der Welt ausrichten und aus der wir selber leben. Deshalb: „Denke, dass es ein Leben gibt, und dass es einen Tod gibt, denke, dass es Seligkeiten gibt, und dass es Gräber gibt. Sei nicht vergesslich, sondern denke daran!" (*Robert Walser*).

2. Der Tod – ein vielschichtiges Phänomen

Zunächst bedeutet der Tod in medizinischer Sicht den unumkehrbaren Ausfall aller Hirnfunktionen; eine Rückkehr zu menschlichem Leben ist unmöglich geworden. Im Volksmund spricht man davon, dass ein Mensch stirbt, wenn das Herz zu schlagen aufhört. Doch die Feststellung des Herztodes reicht nicht aus, um eine eindeutige Grenze zwischen Leben und Tod zu ziehen. Dies gilt sicher für die Frage der Organtransplantation, aber auch für den Umgang mit den Toten: Die Feststellung des Hirntodes bringt Rechtssicherheit, jede Behandlung darüber hinaus hat keinen Sinn mehr, ist sogar eine Störung der Totenruhe.

Philosophisch ist bedeutsam: Der Mensch weiß als einziges Wesen dieser Erde jederzeit um seinen Tod. Der Tod ist uns gewiss, auch wenn ungewiss bleibt, wann er eintritt. So gilt das alte Wort: „Mors certa, hora incerta". Der Tod selbst hat eine Würde, eine ihm eigene Majestät; der Tod des Menschen unterscheidet sich von allem biologischen Verenden. Das biologische Ende des Menschen offenbart noch nicht, was der Tod des Menschen zutiefst ist. Diese Frage können wir von uns aus als Lebende nicht beantworten. Doch weil wir um den Tod wissen, müssen wir uns zu ihm als einem sicher kommenden Ereignis verhalten. Deshalb bewegt uns auch in der Tiefe unseres Lebens die Angst vor dem Tod, eine „Ur-Angst", die hinter und unter allen unseren Ängsten liegt. Was wir Menschen aus unserem Leben machen, was wir vom Leben erhoffen, das hängt in entscheidender Weise auch davon ab, wie wir uns zu unserem Sterben und zu unserem Tod verhalten. Im Grund bewegt uns immerzu auch die Frage: Gibt es eine begründete Hoffnung auf eine Vollendung des irdischen Lebens jenseits der Todesgrenze? Christlicher Glaube gibt darauf die Antwort: Durch den Tod unseres Herrn Jesus Christus, den wir als Sohn Gottes bekennen, hat der Tod seinen unnatürlichen Charakter verloren. So sehr Jesus äußerlich gesehen den sinnwidrigen Abbruch seines Lebens erfahren musste, er einsam und gottverlassen einen qualvollen Tod am Kreuz gestorben ist, sein Werk allem Augenschein nach unvollendet geblieben ist, so stirbt Jesus doch in einem verzweifelten Vertrauen auf Gott, seinen Vater. Gott selbst also hat in Jesus Christus den Tod auf sich genommen, an sich genommen. Jesus lebte unser Leben, Jesus starb unseren Tod. Doch Gott hat im Sterben seines Sohnes und durch seine Auferweckung den Tod zu seiner Sache gemacht. So ist der Tod für den, der an Jesus glaubt und ihm nachfolgt, schon in seinem Leben gewandelt. Der Tod wird in die Hoffnungsperspektive der

Auferstehung gebracht. Denn da Jesus „für uns“ den Tod erlitten hat, ist auch die Auferweckung aller, die an ihn glauben und mit ihm leben, in seine Auferweckung eingeschlossen.

So ist der Tod in christlicher Sicht befreit von einer letzten Dunkelheit, von Ausweglosigkeit, vom Fluch. Er ist wieder im ursprünglichen Sinn der Schöpfung: Ende der Frist, in der der Mensch sich auf die Zukunft des Lebens bei Gott vorbereiten kann, das ihm vom Gott geschenkt wird. Christen leben und sterben bereits „in Christus“. Eine solche erlöste Gestalt des Todes kann und darf jetzt schon gelebt werden. So wird die „ars moriendi“ umschlossen von der „ars vivendi“. Dieses Mitsterben mit Christus ist immer noch gekennzeichnet von der Vorläufigkeit des Glaubens: als Glaubende gehen wir unseren Weg, noch nicht als Schauende. Doch der erlöste Mensch bekennt, dass er im Glauben den Tod bereits grundsätzlich hinter sich gebracht hat und durch Jesus Christus Anteil am wahren Leben jetzt schon gefunden hat. Im 1. Johannesbrief heißt es: „Wer liebt, der ist schon aus dem Tod zum Leben hinübergegangen“ (1 Joh 1,4; vgl. Röm 6,3ff). Nach christlicher Überlieferung sprechen wir auch davon, dass der Tod als „Trennung von Leib und Seele“ zu verstehen ist. Im Tod haucht der Mensch seine Seele, sein Leben aus, während der Körper als Leichnam zurückbleibt. Solche Trennung meint, dass durch den Tod das Ich des Menschen von seinem durch den Leib konstituierten „In-der-Welt-und-Zeit-Sein“ getrennt wird. Es ist aber schwer vorstellbar, wie die Seele leib- und weltlos weiter existieren soll. Die Seele, das Ich, gewinnt ein neues, entgrenztes, intensiveres und extensiveres Verhältnis zu Welt und Geschichte: als Geschenk Gottes, nicht aus menschlicher Kraft. – Trennung schafft der Tod auch in dem Sinn, als dem Menschen die irdische, auf inner-weltliche Erfüllung gerichtete Existenz entrissen wird. Sein Leben aber versinkt nicht einfach im Nichts. Der Mensch steht kraft seiner unvergänglichen Seele vor Gott und hat sich vor ihm zu verantworten für sein Leben. Und alles, was der Mensch in diesem Leben an Gutem vollbracht hat, was er in Liebe gewirkt hat, hat Ewigkeitswert; auch das bewusst getane Böse, die Schuld des Menschen, ist vor Gott rechenschaftspflichtig. – In einem dritten Sinn meint Trennung, dass der Christ in einer freiwilligen Hingabe seines Lebens, z.B. im Dienst an Gott und den Menschen, vielleicht bis hinein in das Martyrium, sein Leben hingibt, um es in Gott bleibend zu gewinnen.

Es bleibt festzuhalten: Christliche Überzeugung spricht davon, dass wir Menschen als von Gott Geschaffene und durch Jesus Erlöste im Tod nicht untergehen, sondern durch Gott in eine neue Schöpfung verwandelt werden. Daraus ergibt sich ein entsprechender Umgang mit Sterben, mit Tod und Bestattung, auch mit den Toten und der Trauer der Hinterbliebenen. Davon sind Liturgie, Verkündigung und Nächstensorge der Kirche geprägt.

3. Die Trauer – ein mehrdimensionales Phänomen

Kathi Stimmer-Salzeder hat zum Thema Trauer ein Lied getextet und komponiert, das in überzeugender Weise die verschiedenen Dimensionen von Trauer und wichtige Verhaltensweisen gegenüber Trauernden benennt. In diesem Lied heißt es:

> „Es hat mich ein Dunkles, ein Leid überfallen, eine Welle von Weh hat den Atem gehemmt. So geh' ich ganz anders nun unter euch allen: der Schmerz wie ein Bruder zur Seite, und wie eine Schwester die Trauer.
> Lasst meine Trauer mit mir gehn, sie braucht ihre Zeit und ihren Raum. Könnt ihr den Schmerz in mir verstehen? Ich fasse ihn selber kaum.
> Ich bin wie zerrissen, kein Ganzes, Gesundes – eine Quelle der Qual ist wie Krankheit in mir. So steh' ich ganz anders nun unter euch allen: Mein Bruder, der Schmerz, mir zur Seite, und nah' meine Schwester, die Trauer ..."[1]

Der Verlust eines Menschen durch den Tod bedeutet für die betroffenen Angehörigen und alle, dem Verstorbenen nahe Stehenden, fast immer eine schmerzhafte Krisensituation, in der ein Stück persönlicher und sozialer Welt zusammenbricht. Das Lied spricht vom unbestimmten „Dunklen", vom „Leid", das wie ein Überfall hereingebrochen ist, von der inneren Zerrissenheit des

1 Quelle unbekannt

Trauernden. Die Trauer ist eine Quelle der Qual, wie eine Krankheit, ein tiefgehender, alles verändernder Schmerz, den der Trauernde „kaum fassen“ kann. – Die Auswirkungen auf die Psyche, aber auch auf den Körper sind unüberhörbar: der Atem wird gehemmt, der Trauernde erlebt sich verändert in seiner Umgebung. Zwischen den Trauernden und seinen Mitmenschen sind „Bruder Schmerz“ und „Schwester Trauer“ als neue Geschwister getreten, als leidvolle und zugleich notwendende Begleiter. Trauer und Schmerz müssen also zugelassen, angenommen werden. Wer sie ignoriert, sie nicht wahrhaben will, sie nicht ernst nimmt, sie verdrängt, bewältigt die Trauer nicht. Diese braucht „ihre Zeit und ihren Raum“: Trauerzeit ist angesagt, will durchlebt und gestaltet sein. Auch Räume und Orte braucht die Trauer, Räume zum Abschiednehmen z.B. wie es sie inzwischen in vielen Altenheimen, Krankenhäusern und Kliniken gibt. Und an die Mitmenschen ergeht der Appell des Trauernden: „Lasst mich trauern, respektiert meine Art zu trauern, helft mir trauern; begegnet mir entsprechend, begleitet mich, wo ich euch brauche, fühlt euch in mich ein, sagt mir, zeigt mir, dass ihr mit mir fühlt!“ Einander beistehen: im Leben und beim Sterben, einander begegnen und einander begleiten: im Schmerz und in der Trauer, in menschlicher Solidarität, in christlicher Zuwendung: Darum geht es in unserem Menschsein, auch in unserem Christsein. Zum Bestehen der Trauer, zu ihrer Verarbeitung verhelfen wesentlich die „Rites de passage“ – im christlichen Verständnis die liturgischen und sakramentlichen Feiern der Trennung und des Abschieds, die deutenden und sinngebenden Worte und Symbolhandlungen, die Zuwendung im Trauergespräch, in Trauergruppen oder Trauerseminaren.

In all dem ist die non-verbale und verbale Zuwendung in personaler Begegnung, im helfenden und beratenden Gespräch für uns Christen durchwirkt von der Hoffnung der Auferstehung. Das Hoffnungs-Potential des christlichen Auferstehungsglaubens ist für den Umgang mit Sterbenden, mit Tod und Trauer das entscheidende Kriterium. Daran scheiden sich in Theorie und Praxis der Sterbe- und Trauerbegleitung und hinsichtlich des Umgangs mit den Toten heute die Geister. Immer noch gilt, dass der pastorale Einsatz von Seelsorgern und Gemeinden für eine würdige, persönliche und einfühlende Gestaltung der Bestattungsriten sowie eine helfend-begleitende Trauerpastoral positiv und dankbar wahrgenommen werden. Sicher: Der Glaube erspart einem Betroffenen nicht den Schmerz und macht die Unterstützung durch verstehende Mitmenschen nicht überflüssig, er kann jedoch den Trauer- und Neuorientierungsprozess stützen, begleiten und erleichtern. Das Pascha-Mysterium ist und bleibt der Dreh- und Angelpunkt solcher Pastoral. Es besagt, dass wir in der Kraft des Glaubens und durch die Eingliederung in Jesus Christus in der Feier der Initiation des Leidens, der Auferstehung und der Herrlichkeit des Herrn Jesus Christus teilhaft geworden sind.

Joseph Cardinal Ratzinger

„Mit Christus, dem guten Hirten, eins geworden"

Predigt beim Requiem für Papst Johannes Paul II. am 8. April 2005

„Folge mir nach!" So sprach der Auferstandene zu Petrus, zu dem Jünger, den er auserwählt hatte, ihm nachzufolgen. „Folge mir nach!", so sprach er auch zu Johannes Paul II., den wir heute zu Grabe tragen. Ein Samen der Unsterblichkeit, mit Trauer, aber auch Dankbarkeit.

Die Stadt Rom hat in diesen Tagen eine große Menge betender Menschen aufgenommen, die gekommen sind, um unseren geliebten Papst zu verabschieden. Sie begrüße ich alle. Mein Gruß geht an die Oberhäupter der Staaten, Kirchen und Religionen. Dann grüße ich auch alle Bischöfe und Erzbischöfe, Priester, Ordensleute und alle Gläubigen, unter ihnen besonders alle jungen Leute. Mein Gruß gilt auch denen, die in allen Teilen der Welt über Radio und Fernsehen mit uns wie mit einem großen Chor verbunden sind beim feierlichen Ritus des Abschieds von unserem geliebten Papst.

„Folge mir nach!" Als junger Student begeisterte sich Karol Wojtyla für Literatur, Theater und Dichtung. Als Arbeiter in einer Chemiefabrik mitten im bedrohlichen Naziterror hat er die Stimme des Herrn vernommen: „Folge mir nach!" In dieser besonderen Umgebung und in diesem speziellen Umfeld begann er, philosophische und theologische Bücher zu lesen und trat dann in das Untergrundseminar ein. Nach dem Krieg konnte er seine Studien an der theologischen Fakultät der Universität zu Krakau abschließen. Wie oft hat er in seinen Briefen an die Priester und in seinen autobiographischen Schriften von seinem Priestertum gesprochen, das mit der Priesterweihe am 1. November 1946 begonnen hat. In diesen Schriften deutet er sein Priestertum vor allem im Lichte dreier Herrenworte: An erster Stelle steht dieses: „Nicht ihr habt mich erwählt, sondern ich habe euch erwählt und dazu bestimmt, dass ihr euch aufmacht und Frucht bringt und dass eure Frucht bleibt" (Joh 15,16).

Das zweite Herrenwort lautet: „Der gute Hirt gibt das Leben hin für seine Schafe!“ (Joh 10,11). Und schließlich: „Wie mich der Vater geliebt hat, so habe auch ich euch geliebt. Bleibt in meiner Liebe“ (Joh 15,9). In diesen drei Worten erkennen wir das ganze Wesen unseres Heiligen Vaters. Er ging überall hin, um Frucht zu bringen – eine Frucht, die bleibt.

1. Er hat unseren müden Glauben aufgeweckt

Auf, lasst uns gehen! ist der Titel seines vorletzten Buches. Auf, lasst uns gehen! Mit diesen Worten hat er unseren müden Glauben aufgeweckt, wie die Jünger vom Schlaf, die von damals und die von heute: „Auf, lasst uns gehen!“ Das sagt er auch heute zu uns. Der Heilige Vater ist also Priester gewesen bis zum Äußersten, weil er wie Gott sein Leben für seine Schafe aufgeopfert hat und für die ganze Menschheitsfamilie. Er hat sich jeden Tag ganz seinem Dienst für die Kirche hingegeben, vor allem in den schweren Prüfungen der letzten Monate. So ist er eins geworden mit Christus. So ist er mit Christus eins geworden, dem guten Hirten, der seine Schafe liebt. Und schließlich heißt es da: „Bleibt in meiner Liebe!“ Der Papst hat die Begegnung mit allen gesucht. Er konnte allen verzeihen und ihnen sein Herz öffnen. Er spricht zu uns auch heute mit diesen Worten des Herrn: Wenn wir in der Liebe Christi bleiben, lernen wir in seiner Schule die Kunst der wahren Liebe.

„Folge mir nach!“ Im Juli 1958 stand der junge Priester Karol Wojtyla vor einem neuen Abschnitt seines Weges mit dem Herrn und in der Nachfolge des Herrn. Karol hatte sich wie üblich mit einer Gruppe junger Kanusportler zu gemeinsamen Ferien an die Masurischen Seen begeben. Aber er hatte einen Brief bei sich, der ihn aufforderte, zum Primas von Polen, Kardinal Stefan Wyszynski, zu kommen. Und er konnte sich den Grund des Treffens denken: seine Ernennung zum Weihbischof von Krakau. Sollte er nicht mehr an der Universität lehren, sollte er die anregende Gemeinschaft mit jungen Menschen entbehren, nicht mehr teilnehmen am geistigen Wettkampf um das Wissen und um die Deutung des Geheimnisses der Schöpfung Mensch, um in der Welt von heute die christliche Sicht unserer Existenz gegenwärtig zu machen? All das musste ihm wie ein Verlieren seiner selbst erscheinen, ein Verlust all dessen, was zur menschlichen Identität dieses jungen Priesters geworden war. „Folge mir nach!“ Karl Wojtyla nahm an. Er hörte im Ruf der Kirche die Stimme Christi und er begriff, wie wahr das Wort des Herrn ist: „Wer sein Leben zu bewahren sucht, wird es verlieren, wer es dagegen verliert, wird es gewinnen“ (Joh 12,25). Unser Papst, das wissen wir alle, hat nie sein eigenes Leben retten, es für sich behalten wollen. Er hat sich selbst ohne Rückhalt geben wollen, bis zum Ende. Er hat sich selbst ohne Rückhalt geben wollen bis zum Ende für Christus und damit auch für uns. Und so hat er erfahren können, dass alles, was er in die Hände des Herrn gelegt hatte, auf neue Weise zurückgegeben worden ist. Die Liebe zum Wort, zur Dichtung, zu schöngeistigen Dingen wurde zu einem wesentlichen Teil seiner pastoralen Sendung und hat der Botschaft des Evangeliums neue Frische, neue Aktualität und neue Anziehungskraft gegeben, gerade auch dann, wenn sie Zeichen des Widerspruchs ist.

„Folge mir nach!“ Im Oktober 1978 hörte Kardinal Karol Wojtyla wieder die Stimme des Herrn, wieder kommt es zu einem Zwiegespräch, wie dem des Petrus, von welchem das Evangelium dieser Feier berichtet: „Simon Bar Jona liebst du mich?“ „Weide meine Schafe!“ (Joh 21,15). Auf die Frage des Herrn, Karol liebst du mich?, konnte der Erzbischof von Krakau aus tiefstem Herzen antworten: Herr, Du weißt alles, Du weißt auch, dass ich Dich liebe. Die Liebe zu Christus war die beherrschende innere Kraft in unserem lieben Heiligen Vater. Wer ihn hat beten sehen, wer ihn hat predigen hören, weiß das. Und so, dank dieser tiefen Verwurzelung in Christus, konnte er eine Last tragen, wie sie über nur menschliche Kraft hinausgeht: Hirte der Herde Christi, seiner gesamten Kirche zu sein.

Es ist hier nicht der Augenblick, von den einzelnen Inhalten eines so reichen Pontifikats zu sprechen. Ich möchte nur zwei Texte aus der heutigen Liturgie verlesen, in denen zentrale Elemente seiner Botschaft erscheinen: In der ersten Lesung spricht der heilige Petrus zu uns, und mit ihm tut es der Papst: „Wahrhaftig, jetzt begreife ich, dass Gott nicht auf die Person sieht, sondern dass ihm in jedem Volk willkommen ist, wer ihn fürchtet und tut, was recht ist. Er hat das Wort den Israeliten gesandt, indem er den Frieden verkündete durch Jesus Christus. Dieser ist der Herr aller“ (Apg 10,34-36). Und in der zweiten Lesung ermahnt uns der heilige Paulus und mit ihm unser verstorbener Papst mit lauter Stimme: „Meine geliebten Brüder, nach denen ich mich sehne, meine Freude, mein Ehrenkranz, steht fest in der Gemeinschaft mit dem Herrn, liebe Brüder!“ (Phil 4,1).

„Folge mir nach!“ Mit dem Auftrag, seine Herde zu weiden, kündigte Christus dem Petrus auch sein Martyrium an. Mit diesem abschließenden und alles zusammenfassenden Wort des Zwiegesprächs über die Liebe und den Auftrag als allgemeiner Oberhirte erinnert der Herr an einen anderen Dialog, der in den Umkreis des letzten Abendmahls gehört. Hier hatte Jesus gesagt: „Wohin ich gehe, dorthin könnt ihr nicht gelangen.“ Petrus sagte darauf: „Herr, wohin gehst du?“ Und Jesus antwortete ihm: „Wohin ich gehe, dorthin kannst du mir jetzt nicht folgen. Du wirst mir aber später folgen“ (Joh 13,36). Jesus geht vom letzten Abendmahl zum Kreuz und zur Auferstehung. Er tritt ein in das österliche Geheimnis. Petrus kann ihm noch nicht folgen. Jetzt, nach der Auferstehung, ist dieser Augenblick gekommen, dieses Später. Als Hirte der Herde Christi tritt Petrus ein in das österliche Geheimnis, geht auch er zum Kreuz und zur Auferstehung. Der Herr sagte es ihm mit diesen Worten: „Als du noch jung warst, konntest du gehen, wohin du wolltest, wenn du aber alt geworden bist, wirst du deine Hände ausstrecken und ein anderer wird dich gürten und dich führen, wohin du nicht willst“ (Joh 21,18).

2. Immer tiefer in das Leiden mit Christus eingetreten

Am Anfang seines Pontifikats ging der Heilige Vater noch jung und voller Kraft unter Christi Führung bis an die Grenzen der Erde. Aber dann trat er immer mehr in eine Gemeinschaft des Leidens mit Christus ein und verstand immer mehr die Wahrheit im Wort „Ein anderer wird dich gürten“. Und in dieser Gemeinschaft mit dem leidenden Herrn hat er das Evangelium unermüdlich und mit neuer Stärke verkündet: das Geheimnis der Liebe, die bis zur Vollendung geht. Er hat für uns das österliche Geheimnis als Geheimnis des göttlichen Erbarmens gedeutet. In seinem letzten Buch schreibt er: „Die dem Übel gesetzte Grenze ist eindeutig die göttliche Barmherzigkeit.“ Und mit Blick auf den Anschlag auf sein Leben sagt er: „Christus hat für uns alle gelitten und hat dem Leiden einen neuen Sinn gegeben. Er hat es in eine neue Dimension gesetzt, in eine neue Ordnung, die Ordnung der Liebe. Das Leiden verbrennt und verzehrt das Übel mit der Flamme der Liebe und zieht auch aus der Sünde viele Formen von Blüten des Guten.“ Beseelt von dieser Sicht hat der Papst zusammen mit Christus gelitten und geliebt, deshalb ist die Botschaft seines Leidens und seines Schweigens so sprechend und fruchtbar gewesen.

3. Göttliches Erbarmen

Der Heilige Vater hat den reinsten Abglanz der Barmherzigkeit Gottes in der Gottesmutter gesehen. Er hatte in früher Jugend die Mutter verloren und umso mehr die Gottesmutter geliebt. Er hat die Worte des Herrn am Kreuz als an sich selbst gerichtet empfunden: „Siehe da, deine Mutter!“ Und er hat gehandelt wie der Lieblingsjünger. Er hat sie in sein innerstes Wesen aufgenommen, ganz ihr gehörend. Und von der Mutter hat er gelernt, Christus gleichförmig zu werden. Uns allen bleibt unvergesslich, wie sich der Heilige Vater an diesem letzten Ostersonntag seines Lebens vom Leiden gezeichnet noch einmal am Fenster des Apostolischen Palastes gezeigt und ein letztes Mal den Segen Urbi et Orbi erteilt hat. Wir können sicher sein, dass unser geliebter Papst jetzt am Fenster im Hause des Vaters steht, uns sieht und uns segnet. Ja, segnen Sie uns, Heiliger Vater! Ihre liebe Seele vertrauen wir der Mutter Gottes an, deiner Mutter, die dich Tag für Tag geleitet hat und dich jetzt zur ewigen Herrlichkeit ihres Sohnes führen wird, zu Jesus Christus, unserem Herrn. Amen.

Konrad Baumgartner

Verkündigung im Umkreis von Tod und Bestattung

1. Bei der Bestattung predigen?

Noch im „Lehrbuch des Kirchenrechts", begründet von E. Eichmann, fortgeführt von K. Mörsdorf[1] war zu lesen: „Grabreden gehören nicht zum kirchlichen Begräbnisritus, sie sind jedoch gemeinrechtlich nicht verboten. Nach den Weisungen der Fuldaer Bischofskonferenz sind sie in rein katholischen Gegenden im allgemeinen nicht erwünscht; in einzelnen Bistümern (z.B. Berlin, bayerische Diözesen) finden regelmäßig Grabreden statt."[2] Seit dem Zweiten Vatikanischen Konzil gilt: „Im Zusammenhang der Bestattung sollen die Verkündigung des Wortes Gottes und das fürbittende Gebet für Tote und Hinterbliebene die Glaubenden trösten und ihre Hoffnung auf die Vollendung bei Gott wie auch die Gemeinschaft mit den Verstorbenen in Christus stärken und zum Zeugnis des christlichen Lebens aufrufen".[3]

Die Praxis, in der Bestattungspredigt von allem Biographischen möglichst abzusehen, wird allerdings heute noch von so manchem Predigtlehrer intendiert; selbst liturgische Bücher verweisen eher verhalten darauf, dass die Homilie, in der das Wort Gottes erklärt wird, auch das Leben des Verstorbenen mit einbeziehen kann.[4] Sie soll „jedoch keine Begräbnisrede auf den Verstorbenen" sein.[5]

So herrscht in der homiletischen Theorie und in der Praxis der Predigt Unsicherheit vor über die Korrelation zwischen biblischem und biographischem Text. Sinn und Bedeutung, aber auch Gestaltungsmöglichkeiten der Verkündigung im Umkreis von Tod und Bestattung sollen im Folgenden näher dargestellt und reflektiert werden.

1 München – Paderborn – Wien 1953, 1967[11].
2 ebd. II, 356.
3 K. Baumgartner, in: ders. / P. Scheuchenpflug (Hg.): Lexikon der Pastoral, Freiburg – Basel – Wien 2002, I, 183.
4 Die kirchliche Begräbnisfeier, Freiburg[3] 1977, Nr. 21.
5 Allgemeine Einführung in das Römische Messbuch, Trier 1970, Nr. 338.

2. Sterben, Tod und Trauer und ihr appellativer Charakter

Jedes Sterben und jeder Tod, jede Todesnachricht und jedes Miterleben des Todes löst existenzielle Reaktionen aus: appellative Reaktionen des „memento mori“ und des „memento vivere“, emotionale Reaktionen der Betroffenheit und der Erschütterung, aber auch Reaktionen der Abwehr und der Verdrängung durch Rationalisierung und Verharmlosung der elementaren Angst vor dem Tod, befreiende Reaktionen des „Erlöst-Seins“ – sowohl des Verstorbenen von Krankheit und Elend wie der Angehörigen von der Konfrontation mit diesem Sterben, Reaktionen freilich auch der gläubigen Hoffnung und Zuversicht, dass die Toten und die Lebenden in Gottes Hand geborgen sind. Sterben, Tod und Trauer legen sich aus im Kontext der jeweiligen Lebenserfahrungen und Sinngebungen; sie verlangen aber auch nach Auslegung und Deutung, nach Beistand und Begleitung: im Wort und in der symbolischen Handlung, im Beistand und in der konkreten Hilfe angesichts von materieller, körperlich-seelischer und geistiger Not. Dies kann durch Einzelne geschehen: durch Angehörige, Freunde und Nachbarn, aber auch durch Gemeinschaften: Gruppen und Vereine, durch die politische und kirchliche Gemeinde, durch die Öffentlichkeit.

3. Das deutende und tröstende Wort im Umkreis von Tod und Trauer

In vielen Formen kommt dabei das Wort ins Spiel: als persönlich zugesprochenes Wort des Gedenkens an den Verstorbenen, als Wort der Anteilnahme und des Trostes, als verschriftlichtes Wort durch Briefe oder Karten und als veröffentlichtes Wort und Bild in den Medien. Vor allem aber innerhalb der Trauerfeier hat das gesprochene oder gesungene Wort seinen Ort und seine Bedeutung. Seit der Antike ist der Brauch der Bestattungsrede[7] überliefert:

---

6 Vgl. Th. Schnelzer: Angst, Tod und Religion. Zur Begründung einer therapeutischen Theologie und Seelsorge, Theogische Habilitationsschrift, Regensburg 2002 (in Vorbereitung).

7 Vgl. W. Beltz (Hg.): Lexikon der letzten Dinge, Augsburg 1993, 65f.

eine Sammelbezeichnung für eine Rede im Zusammenhang der Bestattung, unabhängig von ihrem Ort, ihrem Zeitpunkt und ihrer Funktion, verbunden mit der Vita des Verstorbenen oder getrennt von ihr. Bekannt sind die Bestattungsreden aus der Antike, aber auch aus der Geschichte des Christentums für hochgestellte Persönlichkeiten und von berühmten Rednern. Die Reformatoren haben die Bestattungsrede zum festen Bestandteil der Bestattungs-Zeremonien erhoben: anstelle des Requiems und der Exequien in der Katholischen Kirche. Oft wurden diese Reden auch gedruckt und als „Leichenpredigten" veröffentlicht; sie enthielten als Abschluss bzw. in ihrem dritten Teil auch die Vita und / oder zusätzlich eine „Abdankungsrede": zum Dank für die Mitfeier der Versammelten. Weltliche Bestattungsreden beziehen sich meist ausführlich auf das Leben und Sterben des Toten; sie würdigen in der Regel ausführlich seine Verdienste und die Bedeutung seines Lebenswerkes für die Angehörigen und die Öffentlichkeit. Gedichte, Aussprüche von bedeutenden Persönlichkeiten oder Volksweisheiten bilden den Auslegungs-Kontext solcher Reden oder auch den Horizont für die Sinngebung des Lebens allgemein im Angesicht des Todes. Persönlich und fachlich qualifizierte Redner[8] gestalten diesen sprachlichen Teil der Trauerfeier anstelle oder in Ablösung von kirchlichen Rednern. Durch persönliche Kontakte zu den Angehörigen, z. B. durch Hausbesuche vor und / oder nach der Bestattung, stellen weltliche Redner eine persönliche Beziehung zum Verstorbenen und zu den Angehörigen her.

Der „Nachruf" stellt eine kurze Gedenkrede dar von dem Verstorbenen nahe stehenden Personen oder auch von Vertretern der Organisationen und Vereine, denen der Verstorbene angehörte, über dessen Leben und Bedeutung. Er wird nach den Zeremonien der Bestattung gehalten und sollte auch nicht vom Ambo aus, dem Ort der Verkündigung des Wortes Gottes vorgetragen werden. – Die „Grabrede" bzw. die „Bestattungspredigt", in der Kirche oder in der Trauerhalle gehalten, stellt eine kirchliche und amtliche Rede dar, welche der Leiter oder eine Vertreter der Kirche oder der

8 Vgl. die Ausbildungskurse des Fachverbandes des Deutschen Bestattungsgewerbes und das diesbezügliche Lehrbuch von K. Dirschauer (Hg.): Der Trauer das Wort sagen, Düsseldorf 1995 (mit kommentierten Ansprachen von Bestatterinnen und Bestattern).

Gemeinde im Sinne der Verkündigung und Auslegung der christlichen Botschaft vorträgt. Die Verlesung des Lebenslaufes kann am Beginn der Liturgie bzw. der Predigt erfolgen; der Text kann auch von den Angehörigen erstellt und ggf. auch von ihnen oder einem Mitglied der Gemeinde verlesen werden. In diesem Fall ist die Bestattungspredigt eine textbezogene Homilie.

4. Die Stellung der Bestattungspredigt im Gesamt der Trauerpastoral

Die Bestattungspredigt ist Teil einer umfassenden Trauerpastoral; sie ist verbunden mit den Liturgien von Sterben, Tod und Bestattung und mit dem Dienst der Gemeinde bzw. ihrer Leitung in Trauergesprächen vor (und nach) der Bestattung und mit Angeboten zur Verarbeitung der Trauer in persönlicher und gemeinsamer Begleitung, von Trauergesprächen mit Seelsorgerinnen und Seelsorgern der Gemeinde, aber auch von Trauergruppen und -seminaren. Nur in dieser Einbettung fällt sie nicht aus dem Rahmen, verbleibt sie nicht Teil eines Rituals. Und da Trauernde oft den Inhalt der Bestattungspredigt wegen der tief emotionalen Situation kaum wahrnehmen, ist es umso mehr angebracht, die Predigt schriftlich festzuhalten und den Angehörigen in Form einer Cassette oder als Trauerbrief einige Zeit nach der Bestattung zu überbringen bzw. überbringen zu lassen.

5. Aussagen von kirchenamtlichen Texten zur Bestattungspredigt

In offiziellen Texten der christlichen Kirchen finden sich wichtige Aussagen über die Bedeutung der Bestattungspredigt. So heißt es im derzeit verbindlichen deutschen Rituale[9] der Katholischen Kirche: „Der Sinn des christlichen Sterbens und der Begräbnisliturgie soll in Predigt und Katechese dargelegt und so den Gläubigen bewusst gemacht werden“ (Nr. 10) – „Bei jeder Feier für Verstor-

9 Die kirchliche Begräbnisfeier, Freiburg [3]1977.

bene kommt den Lesungen aus der Heiligen Schrift eine besondere Bedeutung zu ... Sie sollen so ausgewählt werden, dass sie der Situation des Verstorbenen, der Angehörigen und Anwesenden möglichst entsprechen“ (Nr. 20) – „Im Anschluss an die Lesungen wird in der Regel eine kurze Homilie gehalten, in der das Wort Gottes erklärt wird. Sie kann auch das Leben des Verstorbenen mit einbeziehen. Bei besonderen Umständen kann anstelle der Homilie ein Meditationstext vorgelesen werden“ (Nr. 21). – „Der Leiter der Liturgie bzw. der Prediger soll den Verstorbenen und die besonderen Umstände seines Todes vor Augen haben. Er soll aber auch den Angehörigen helfen, ihr Leid und ihre Trauer in der Kraft des christlichen Glaubens zu tragen. Außerdem bietet sich beim Begräbnis eine Gelegenheit, auch solche Teilnehmer anzusprechen, die dem christlichen Gottesdienst oder sogar dem christlichen Glauben fern stehen“ (Nr. 26). – Und in der „Allgemeinen Einführung in das Römische Messbuch“ heißt es: „In den Begräbnismessen soll in der Regel eine kurze Homilie gehalten werden, jedoch keine Begräbnisrede auf den Verstorbenen“ (Nr. 338). – „Die Seelsorger sollen jene Teilnehmer (an der Bestattung) berücksichtigen – seien sie Nichtkatholiken oder Katholiken, die nie oder selten die Messe mitfeiern oder den Glauben sogar verloren zu haben scheinen – , die anlässlich eines Begräbnisses einen Gottesdienst erleben und das Wort Gottes hören; der Priester ist ja Künder der Frohbotschaft Christi für alle Menschen“ (Nr. 341). In diesen Texten wird bereits deutlich: Die Verkündigung des Wortes Gottes im Umkreis von Tod und Trauer soll demnach vor allem den Angehörigen und den gläubigen Mitchristen helfen, ihre Trauer in christlichem Geist zu bestehen (diakonische Funktion). Sie soll aber auch der Kirche Fernstehende zur Umkehr und zu neuem Gauben einladen oder sogar bewegen (missionarische Funktion). Leben und Todesumstände des Verstorbenen sollen dagegen eher im Hintergrund der Ansprache verbleiben (memorative Funktion).

Andere Akzente werden in kirchenamtlichen Texten der reformatorischen Kirchen gesetzt. Die Evangelische Landeskirche in Baden hält fest: „Die Verkündigung des Kreuzes, der Auferstehung und der Wiederkunft des Herrn geschieht (bei der Bestattung) in der persönlichen Zuwendung zu dem Leben des Entschlafenen und dem Leid der Angehörigen."[10] – Und die Evangelische Kirche von Kurhessen – Waldeck verweist darauf: „Der Tröstung der Trauernden dient auch die Ansprache. Ihr besonderer Trost liegt in der Hoffnungspredigt von der Auferstehung der Toten. Die Bestattung … verlangt nach dem christlichen Zeugnis am Grabe und ist Predigt des Evangeliums in der besonderen Situation der Trauer. In ihrem Mittelpunkt steht die Botschaft von der Überwindung der Todesmacht durch Jesus Christus und von der Auferstehung der Toten. Aber diese Botschaft wird in diesem besonderen Sterbefall aus- und zugesagt … Gerade indem die Kirche im Vollzug der Bestattung rituell an ihrem verstorbenen Glied handelt, handelt sie tröstend und begleitend an den Trauernden. Der verstorbene Mensch ist nicht nur Anlass, sondern auch das Zentrum der Bestattungsfeier … Die Ansprache bezieht sich auf einen Bibelabschnitt. Textwahl und Auslegung werden durch die Situation bestimmt. Als Kasualrede will die Traueransprache das Abschiednehmen erleichtern und Trauernde in einem ganz speziellen Fall trösten. Nicht *ein* Mensch, sondern *dieser* Mensch ist gestorben. Die Traueransprache bezeugt die christliche Hoffnung angesichts des Todes in der Zuspitzung des Abschiednehmens von *diesem* Menschen. Die Ansprache wird die Trauer ernst nehmen und zur Sprache bringen. Ihr Ziel ist der Trost: Sie will Gott bezeugen als den Herrn über Leben und Tod … Wesentlich für die Wirkung der Traueransprache sind ihre Wahrhaftigkeit und Authentizität, auch in der sprachlichen Gestaltung ... Die Informationen über den Lebensgang können auch direkt in die Ansprache einfließen. In jedem Fall sollten aber die Bezüge zwischen Verkündigung und der Lebensgeschichte deutlich werden."[11]

Im Liturgie-Buch der Evangelisch-Reformierten Kirchen in der deutschsprachigen Schweiz ist zu lesen: „Im Bestattungsgottesdienst tritt ohne Zweifel die Vergegenwärtigung des verstorbenen Menschen (zur Vergegenwärtigung in der Verkündigung des Evangeliums nach der Überlieferung im Alten und Neuen Testament) hinzu, um dessentwillen dieser Gottesdienst stattfindet. In

---

10 Die kirchliche Lebensordnung der Evangelischen Landeskirche in Baden. 1971, 160.

11 Evangelische Kirche von Kurhessen-Waldeck: Zeichen der Hoffnung angesichts des Todes, Kassel 2000, 70-74.

der Erfahrung der Geschichte der Bestattung und ihrer Praxis erkennt man deutlich, dass die Vergegenwärtigung des Verstorbenen und diejenige der glaubensstiftenden biblischen Botschaft in einer gewissen Spannung zueinander stehen, so dass öfter das eine oder das andere in den Hintergrund tritt ... Wie kann das Gedenken, die Vergegenwärtigung des verstorbenen Menschen, liturgisch-homiletisch verantwortlich stattfinden? (Es folgen Hinweise auf: das gründliche Vorbereitungsgespräch mit den Angehörigen, die gemeinsame Erarbeitung und Besprechung des Lebenslaufes; die sorgfältige Wahl einer biblischen oder literarischen Textlesung im Kontext des Verstorbenen-Gedenkens; in den Akzenten der Gebete des Bestattungsgottesdienstes; in der Wahl des Predigttextes durch Anknüpfung an einen Taufsegen, einen Konfirmationsspruch, einen Trautext oder ein anderes biblisches Wort, das den Verstorbenen / die Verstorbene im Leben begleitet hat) ... In einer Bestattungspredigt können wesentliche Phasen und Schwerpunkte aus dem Leben des Verstorbenen mit dem auszulegenden Text in Beziehung gebracht werden unter dem Grundgedanken: Die Bibel legt das Leben aus, unsere Lebenserfahrung legt aber auch die biblischen Texte aus."[12]

6. Diakonische Verkündigung und ihre Aufgaben

Aus diesen Hinweisen ergeben sich als Funktionen der Bestattungspredigt: Sie soll einerseits die Trauernden stützen und trösten durch die Botschaft von der Auferstehung (parakletische Funktion), andererseits aber auch Leben und Glauben durch die Texte der Heiligen Schrift (und anderer religiös-christlicher Literatur) wechselseitig auslegen (biographisch-kerygmatische Funktion).

In diesem Kontext sind die Bedürfnisse, Erwartungen und Rezeptionsweisen der Hörer von Bestattungspredigten zu bedenken: Sie wünschen eine „würdige Bestattung" und die Würdigung des Lebens des / der Verstorbenen (selbst dann, wenn sie im Trauer-

12 A. Ehrensperger, in : Liturgie. Herausgegeben im Auftrag der Liturgiekonferenz der evangelisch-reformierten Kirchen in der deutschsprachigen Schweiz. Band V: Bestattung, Bern 2000, 45-47.

gespräch um eine „allgemein gehaltene" Ansprache ersuchen). Sie brauchen Trost durch die verbale / nonverbale Zuwendung des Liturgen bzw. Seelsorgers (in Begegnung / Begleitung, durch entsprechende Symbole und Rituale, durch Worte und Musik). Die Glaubenshilfe soll sich somit als Hilfe in der Trauer und damit als Lebenshilfe erweisen.

So treffen wir sowohl in der Verkündigung wie in der Rezeption das Motiv des Trostes als Mitte an: Es ist einerseits diakonisch legitimiert wie auch prophetisch kritisierbar, wenn Religion und Glaube nur in ihren stützenden Momenten, aber nicht in ihrer prophetischen Kraft vermittelt oder zugelassen werden.[13] Eine „missionarische Gelegenheit" ist die Bestattungspredigt allein nur sehr bedingt, wenn überhaupt.

Kirchliche Bestattung als diakonische Handlung und Bestattungspredigt als diakonische Verkündigung sind Hilfeleistungen ohne Vorbedingungen, außer dem Verlangen nach dieser Hilfe. Als Verkündigung des Wortes Gottes im Zusammenhang der betreffenden Lebenssituation möchte die Bestattungspredigt selbstloser Dienst im Geiste Jesu für Mitmenschen in der Trauer sein, Trost geben aus dem Glauben, aber auch zum Glauben einladen und zur Gemeinschaft der Glaubenden.[14] Indem die Menschen einem „menschlichen Gesicht der Kirche" begegnen, sollte diese als Heimat erkennbar und erfahrbar werden, als „Dach für die Seele" (*P. M. Zulehner*), unter dem Menschen Zuwendung, Hilfe und Trost erfahren und wo sie eingeladen werden zur Vermittlung dieser Erfahrungen an andere. Es geht um eine absichtslose Bezeugung der eschatologischen Hoffnung der Christen, in der die Sehnsucht nach der sakralen bzw. mystagogischen Dimension des Lebens eine Antwort erfährt. Rückfragen sowohl emotionaler wie existentieller Art ergeben sich an den Prediger bei der Bestattungsansprache, z. B.: Wie gehe ich selbst mit Abschieden um? Worüber trauere ich? Wie habe ich den Verlust eines Menschen er-

---

13 Vgl. Ch. Schnabl: Trost in einer zerrissenen Welt, in: Literarisches Forum der Kath. Aktion Österreich und Wien (Hg.): „Das wechselnde Rauschen der Blätter tröstet", Wien 1999, 8-13. – G. Langenhorst: Trösten lernen? Ostfildern 2000.

14 Das Wort von F. Niebergall, dass die Kasualpredigt eine gute Gelegenheit sei, Menschen, die sonst kirchlich nicht erreicht werden, „vor die Flinte zu bekommen", ist in diesem Zusammenhang deplaziert.

lebt, der mir nahe stand? Und: Wie gehe ich damit um, dass in den meisten Fällen Leute meinen Dienst in Anspruch nehmen, die sonst am Leben der Kirche nicht regelmäßig teilnehmen?

Liturgen und Prediger bei der Bestattung haben sehr unterschiedliche Einstellungen: Die einen haben eine durchaus positive Sicht von dieser ihrer Aufgabe, die anderen z. T. sehr negative Einstellungen: Widerwillen und Überdruss, Unzufriedenheit mit ihrer Rolle als „Zeremonienmeister", „Service-Bereithalter"[15] und Ausführungsorgane der Bestattungsunternehmen. Schließlich sollte nicht vergessen werden: Auch Seelsorger kommen in Trauersituationen, in denen sie der helfenden und tröstenden Zuwendung bedürfen. Dann sind nicht nur offizielle „Seelsorger für Seelsorger" gefragt, sondern im Grunde die Gemeinschaft der Mitchristen und ihre Solidarität mit ihren Seelsorgern und für sie.[16]

7. Das Leben und Sterben des Verstorbenen als Kontext der Bestattungspredigt

Angesichts der genannten verschiedenen Blickrichtungen und Aufgaben der Bestattungspredigt ist nochmals die Frage nach der Bedeutung des Lebens und Sterbens des Verstorbenen als „Übersetzung der biblischen Texte in wechselseitiger Auslegung zu stellen."

Ausgehend von den Überlegungen zur „biographischen Theologie"[17] von Johann Baptist Metz, der damit das „Sichtbarmachen

15 Vgl. dazu die theologischen Überlegungen von M. Kehl: Kirche als „Dienstleistungsorganisation"?, in: Stimmen der Zeit 218 (2000) 389-400. – Dass auch von Seiten der Bestatter zuweilen massive Kritik am Verhalten von kirchlichen Mitarbeitern im Zusammenhang der Vorbereitung und Durchführung von Bestattungen geübt wird, soll ausdrücklich erwähnt werden.

16 Vgl. K. Baumgartner: „Dass wir den Übergang bestehen". Begleitung von Trauernden in pastoraler Sicht, in : Heiliger Dienst 55 (2001) 197-209. – P. Kohl: Mit den Regungen des menschlichen Herzens sorgfältig umgehen – Perspektiven der Kasualansprache, in: Lebendige Seelsorge 50 (1999) 19-23.

17 Vgl. J. B. Metz: Glaube in Geschichte und Gesellschaft, Mainz[5] 1992, 211-219. – Mit dem Terminus hat Metz freilich zunächst die lebensgeschichtliche Durchdringung eines theologischen Denkens (am Beispiel von Karl Rahner) bezeichnet. – K. Müller weitet die Anwendung des Begriffs zunächst auf die Heiligenpredigt aus, dann aber erhebt er die „Biographische Theologie" zur „Grundform der Verkündigung". Vgl. K. Müller: Über-Setzen. Biographische Theologie als Grundform der Verkündigung, in: Der Prediger und Katechet 136 (1997) 638-649.

des Widerscheins der Selbstmitteilung Gottes im Medium konkreter Menschlichkeit“ beschrieben hat, darf sich Bestattungspredigt verstehen als „Erzählen, wie jemandes Handeln und Leben auf das Größere des Geheimnisses Gottes hin durchsichtig geworden ist.“[18] Oder anders gesagt: Die Bestattungspredigt soll das, was vom Leben des Verstorbenen zu sagen ist, aufnehmen, weil sie der Ort ist, „dieses Leben als die einmalige Geschichte Gottes mit *diesem* Menschen zu bezeugen und zu deuten.“[19] Denn „der Trauerfall verlangt ja eine integrale Deutung der komplexen menschlichen Situation ab ..., (welche diese) in ein angemessenes Licht rückt und dabei zugleich den elementaren Gehalt des christlichen Glaubens zur Sprache bringt.“[20] Es sollte zur Sprache kommen, wie im Leben und Sterben dieses Menschen Gottes Gegenwart aufgeleuchtet ist, wie etwas von der Güte Gottes, von seiner Gerechtigkeit, seiner Versöhnungsbereitschaft erfahrbar geworden ist, oder auch, wie das Geheimnis Gottes als der große Horizont dieses Lebens und Sterbens in seiner Unbegreiflichkeit sich angemeldet hat. In solcher Perspektive muss freilich der Gefahr gewehrt werden, dass das Leben und Sterben des Verstorbenen „schön geredet“ wird oder dass daraus gar eine „Lob- oder Lügenpredigt“ wird. „Der Bezug auf das konkrete Schicksal ist für den Prediger ... (vielmehr) eine Möglichkeit, die Lebensbedeutung der frohen Botschaft anschaulich zu machen ... (Vor allem) unter dem Vorzeichen des Dankes gegen Gott bleibt die Würdigung des Menschen vor falschen Ruhmreden bewahrt ... (Auch) aller zwischenmenschlicher Dank mündet ein in den Dank gegen Gott, der Menschen füreinander als Helfer gibt und ihr Leben in gegenseitigem Geben und Nehmen reich macht ... (Dazu) gehört nicht zuletzt die Erinnerung daran, dass Gott in der Taufe an dem Menschen gehandelt hat, dessen Leben nun abgeschlossen ist ... Die

18 Müller 648. – Er verweist darauf, dass er Grundgedanken dazu Anregungen seines Regensburger Homiletiklehrers Michael Grünwald verdankt (A. 15). – Grundsätzliche Aspekte werden auch vorgestellt bei Ch. Schwarz: Verheißenes Leben. Bestattungspredigt und Biographie, Waltrop 1999.

19 Kirchenleitung der Vereinigten Evangelisch-Lutherischen Kirche Deutschlands (Hg.): Agende für evangelisch-lutherische Kirchen und Gemeinden. Band III: Die Amtshandlungen; Teil IV: Die Bestattung, Hannover 1996, 7. – Vgl. F. Th. Brinkmann: Seelsorge in Trauerfall. Lehrmeinungen, populäre Kultur- und religiöse Lebensdeutung, in: Pastoraltheologie 88 (1999) 42-58.

20 Brinkmann 52.

Erinnerung an die Taufe weist darauf hin, dass Gott trotz allen Versagens in diesem Leben am Werk war."[21] So stellt die Bestattungspredigt das Leben und Sterben dieses Menschen und aller, die an der Bestattungsfeier teilnehmen, in den Hoffnungshorizont von Tod und Auferstehung Jesu und damit auch in den Horizont des richtenden und gerecht-machenden Gottes, dessen gnädiges Antlitz uns in Jesus Christus offenbar geworden ist.

Innerhalb der möglichen Grundfiguren der „Verkündigung im Trauerfall"[22] sollte sich der Prediger zur Bestattung – wo immer dies möglich ist – für eine „lebensgeschichtlich orientierte biblische Verkündigung" entscheiden: Gott möchte in dieser Situation als der Anwesende und Sich-Erbarmende erscheinen. So geht es darum, den Gott allen Trostes (vgl. 2 Kor 1,3) zu verkündigen und zu bezeugen und so Identität und Lebensgewissheit aus dem Glauben und aus der Glaubensgemeinschaft erfahrbar werden zu lassen.

8. Grundsätze, Grundstruktur und homiletischer Prozess der Bestattungspredigt

Die Bestattungspredigt stellt ein öffentliches Zeugnis des Evangeliums im Blick auf den Verstorbenen und die Trauergemeinde dar. Es geht um existenziell-situative Verkündigung des Handelns Gottes an uns Menschen im Licht von Leben, Tod und Auferstehung Jesu. So wird alles menschliche Tun und Lassen in den Zusammenhang von Empfangen, Beschenkt-Sein und Geborgenheit durch Gott gestellt und zur Entlastung und Versöhnung gebracht – entgegen allem Sich-Rühmen, gegenüber allem Erfolgsdenken und aller Leistungs-Darstellung: „Was hast du, das du nicht empfangen hast?" (1 Kor 4,7). Im Lichte der Verheißungen Gottes sollen die Geschichte eines Menschenlebens und die es tragenden

21 E. Winkler (Hg.): Das Wort der Hoffnung. Beispiele für Seelsorge und Predigt bei Todesfällen, Berlin-Ost 1983, 14. – Winkler betont: „Der Dienst, den die Kirche angesichts des Todes zu leisten hat, beginnt immer mit einem Gespräch" (9).

22 Vgl. M. Schibilsky: Trauerweg, Düsseldorf[2] 1991, 237-240 (A: Biblische Verkündigung als Mitte, ohne Bezug auf die Lebensgeschichte; B: Biblische Verkündigung als Teil der Trauerbegleitung;
C: Lebensgeschichtlich orientierte Biblische Verkündigung).

Elemente zur Sprache kommen: als Würdigung von Gottes Handeln an diesem Menschen und zur Klärung für die Lebenden – in einfacher, glaubwürdiger Sprache, ohne Pathos und ohne falsche Rührseligkeit. Daraufhin sollten nach Möglichkeit „ent-sprechende“ Texte aus der Heiligen Schrift und aus der meditativen Literatur ausgewählt werden, ebenso die Lieder und die liturgische (!) Musik, die Zeichen und Symbole. Zwischen dem „Kasus“ und dem Text-Gehalt sollte eine Korrespondenz gegeben sein. All das wird nur möglich sein, wenn zwischen Todeseintritt und Bestattung eine Kontaktnahme zwischen den Trauernden und dem Liturgen und Prediger geschieht: als Trauergespräch im Pfarrhaus oder bei den Angehörigen. Dieses Gespräch hat einen doppelten Sinn: einen kuralen, die Situation der Trauernden annehmenden und erhellenden Sinn, und einen präparativen, die Gestaltung der Bestattung betreffenden[23]. Es geht dabei um die Expression der Trauer und das Erzählen über den Verstorbenen und erst dann um die Frage der Gestaltung der Liturgie, der Auswahl von Texten, Liedern und Musik oder auch der Besprechung von konkreten offenen Fragen der Angehörigen. Das erste Trauergespräch wird heute freilich zumeist mit dem Bestatter geführt. Doch sollte auch der Seelsorger – in Kontaktnahme mit diesem – dazu einladen und sich dafür Zeit nehmen.

Eine aus diesem Gespräch hervorgehende Bestattungspredigt sollte immer schriftlich vorbereitet werden: zum einen, um nicht in Routine und Oberflächlichkeit zu verfallen, und zum anderen, um den Text später den Angehörigen geben zu können. Für die Grundstruktur[24] der Bestattungspredigt legt sich nahe, dass der Prediger die Hörer einlädt, den „Weg von der Todeswelt zur Lebenswelt“ in folgenden Schritten zu gehen:

(1) Einleitung: Was ist geschehen? – Einladung, den Trauerweg mit der Verkündigung gemeinsam gehen zu wollen.
(2) Biblische Verkündigung: das offene oder geheime Thema des Trauerweges, die Lebensüberschrift, die Gott unserem Leben

23 Vgl. F. Winter: Seelsorge an Sterbenden und Trauernden, Göttingen 1976, 72-84. – B. Klaus / K. Winkler: Begräbnis–Homiletik, München 1975, 38-49.
24 Vgl. Schibilsky 241-245.

gegeben hat. Es geht um die Suche nach der Wahrheit dieses Lebens.
(3) Verknüpfung von Lebensgeschichte und biblischem Text: als Brücke zu einer emotionalen Verarbeitung der Lebensgeschichte und zur persönlichen Annahme der darin enthaltenen Lebenswahrheit.
(4) Theologie: Lebensüberschrift als Bezug von persönlicher Lebensgeschichte zur Wahrheit des Glaubens.
(5) Abschluss: Dankbarkeit gegenüber Gott und dem Verstorbenen.

9. Die Bestattungspredigt zwischen Alltagsroutine und Ernstfall der Verkündigung

Wer in der Praxis der Pastoral tätig ist und Woche für Woche Liturgien und Predigten zur Bestattung zu halten hat, oft mehrere in einer Woche, wird angesichts der vorgestellten Aussagen vielleicht abwinken wollen: im Blick auf seine berufliche Überbelastung, auf die Anonymität des Verstorbenen und der Angehörigen in der Gemeinde, angesichts der Verlagerung der Trauerbegleitung hin zu den Bestattern und angesichts von Trauerfeiern, die von diesen gestaltet und vollzogen werden. Trotz dieser berechtigten Rückfragen gilt die Aussage unvermindert: „Die Kasualverkündigung sollte nicht als Grenzfall, sondern als Prototyp der Verkündigung überhaupt betrachtet werden, sofern sie – im Gegensatz zur sonntäglichen Gemeindepredigt – eine überschaubare, persönlich betroffene Hörerschaft durch die Begegnung mit der christlichen Überlieferung zu einer klareren Sicht ihrer gegenwärtigen Situation und zu einer entschiedeneren Lebensführung aus dem Glauben anregt. Ihre Grundschwierigkeit dürfte darin liegen … dass der Seelsorger zuwenig auf die spezifische Situation einzugehen vermag.“[25] Handreichungen mit Modellen und

25 R. Zerfaß: Kasualien, in: F. X. Arnold u. a. (Hg.): Handbuch der Pastoraltheologie. V: Lexikon, Freiburg – Basel – Wien 1972, 235. – Vgl. W. Fürst, Art. Kasualien, Kasualpraxis, in: Lexikon für Theologie und Kirche[3] 5 (Freiburg – Basel – Rom – Wien 1996) 1289f: „Die allgemeingültige Wahrheit wird im Besonderen anschaulich und wirksam.“

Beispielen von Bestattungspredigten[26] können die Praxis vor Ort entlasten und anregen, die homiletisch-pastorale Anstrengung wollen und können sie nicht ersetzen.

Erstveröffentlicht in: E. Garhammer / H.-G. Schöttler / G. Ulrich (Hg.): Zwischen Schwellenangst und Schwellenzauber. Kasualpredigt als Schwellenkunde. München 2002, 176-187.

26 Vgl. E. Schulz (Hg.): Sterben, Tod und Trauer – Predigten mit Hintergrund, München 1998 sowie
K. Baumgartner / H. Brosseder / L. Mödl (Hg.): Kasualpredigten 1-4, München 1975 – 1983 und
L. Mödl (Hg.): Taufe, Trauung, Trauerhilfe. Kasualpredigten 5, München 1994.

Jürgen Bärsch

Das Gedächtnis der Verstorbenen – Dienst der Kirche an Toten und Hinterbliebenen

Liturgietheologische und -pastorale Gesichtspunkte zum Totengedenken

„Auf immer unvergessen!" – Gelegentlich findet sich dieser Spruch auf Grabsteinen oder in Todesanzeigen.[1] In ihm bringen die Hinterbliebenen ihr Versprechen gegenüber ihrem Verstorbenen zum Ausdruck, ihn nicht aus ihrer Erinnerung löschen zu wollen, und zugleich unterstreichen sie damit, dass sie sich zum Gedenken des Toten verpflichtet wissen. Denn erst wer dem Vergessen anheim gegeben ist, ist endgültig tot. An wen sich niemand mehr erinnert, der ist tatsächlich gestorben.

Vor allem aber, wenn die private Erinnerung als der einzige Einspruch gegen den Tod erscheint, wird zu fragen sein, wie weit die Beteuerung „immer unvergessen" zu bleiben, reicht. Ist doch die menschliche Kraft des subjektiven Gedenkens schon rein zeitlich recht eng begrenzt. Und selbst wenn das Gedenken währt, „solange wir leben"[2], spricht sich darin nicht eine rein immanente Weise der Erinnerung aus? Was ist mit den Verstorbenen, wenn die Nachfahren ebenfalls tot sind und das Gedenken nach spätestens zwei Generationen verlöscht? Insofern ist auch heute weiterhin gültig, was die deutschen Bischöfe bereits 1994 festgestellt haben: „Viele unserer Mitmenschen setzen heute in säkularem Denken allein die Erinnerung an die Toten – nichts sonst – mit dem Weiterleben nach dem Tode gleich: Wer vergessen ist, ist

1 Das Motiv der „Erinnerung" durchzieht viele Sinnsprüche in Todesanzeigen, wie B. Hosselmann in ihrer Studie zeigen konnte: Todesanzeigen als memento mori? Eine empirische Untersuchung von Todesanzeigen der Gegenwart (MThA 68) 2., überarb. u. verkürzte Auflage, Altenberge 2003, 21f.

2 So beispielsweise in einer Todesanzeige der Westfälischen Nachrichten (Münsterischer Anzeiger) vom 25. August 1999: „In unseren Herzen bist du und bleibst du, solange wir leben: lebendig, kraftvoll, liebenswert und stark. Uns kann der Tod nicht von dir trennen, in unserem Herzen wirst du immer weiterleben." Hosselmann (s. Anm. 1) 84.

endgültig tot. Christen erinnern sich an die Toten: nicht damit sie leben, sondern weil sie leben."[3]

Das christliche Gedächtnis der Toten ist demnach nicht auf die persönliche, mentale Erinnerung an einen Verstorbenen begrenzt. Es kennt offenbar auch andere Formen der Gedenkkultur, die sich auch qualitativ von den übrigen zeitgenössischen Weisen der Toteninnerung unterscheiden. Dabei tritt das spezielle christliche Verständnis von Gedächtnis und Gedenken zutage, das sich in Gebet, Gottesdienst und Formen der Volksfrömmigkeit äußert. Darüber hinaus muss das Gedächtnis der Verstorbenen wesentlich als ein Dienst der kirchlichen Gemeinschaft begriffen werden, deren Sorge um ihre Toten wie ihre Trauernden in der Verbundenheit durch die Taufe und in der christlichen Hoffnung auf ewige Vollendung begründet ist.

1. Die Liturgie – ein Ort des Gedächtnisses

„Tut dies zu meinem Gedächtnis" (1 Kor 11,24). Diese Weisung des Herrn hat die Kirche von Anfang an als authentischen Auftrag und als unaufgebbare Verpflichtung verstanden, weshalb sie niemals aufgehört hat, sich zur Gedächtnisfeier (*memoriale*) seines Todes und seiner Auferstehung zu versammeln (vgl. SC 6, 47). Die Liturgie selbst ist demnach also zentral vom Motiv des Gedächtnisses bestimmt. Gemeint ist allerdings ein spezifisches Gedächtnis (*anamnesis, memoria*). Dies gilt sowohl inhaltlich, denn im Mittelpunkt steht das Gedächtnis Christi, näherhin seines Pascha-Mysteriums, als auch strukturell, weil in dieser Gedächtnisfeier das Christusereignis nicht einfach mit Hilfe der mentalen Erinnerung zurückgeholt oder gar historisch nachempfunden wird. Denn die Kraft des liturgischen Gedenkens entspringt nicht menschlichem Gedächtnisvermögen oder ist von der subjektiven Befindlichkeit Einzelner oder der Kirche als Ganzer abhängig. Vielmehr ist es Gott selbst, der in der Liturgie „durch die pneu-

3 Unsere Sorge um die Toten und die Hinterbliebenen. Bestattungskultur und Begleitung von Trauernden aus christlicher Sicht. 22. November 1994. Hg. v. Sekretariat der Deutschen Bischofskonferenz (Die deutschen Bischöfe 53) Bonn 3. korr. Auflage 1995, 42f.

matische Nähe des auferweckten Gekreuzigten des eschatologisch erneuerten Bundes gedenkt."[4] Und wenn Gott seines Bundes gedenkt, dann handelt er durch Christus an der im Heiligen Geist versammelten Kirche, die sich deshalb je neu als eine Gedächtnisgemeinschaft konstituiert. Was für die Eucharistiefeier gilt, kann in einem weiteren Sinn für die Liturgie insgesamt gesagt werden: Sie ist Gedächtnis des Pascha-Mysteriums, vergegenwärtigende Memoria des Heilshandelns Gottes in Jesus Christus. Dies ereignet sich in der je und je eigenen Gegenwart, „denn sooft wir die Gedächtnisfeier dieses Opfers [sc. der Eucharistie] begehen, vollzieht sich an uns das Werk der Erlösung."[5] Das lobpreisend-dankende Gedenken der feiernden Gemeinde bestimmt demnach die liturgische Gestalt, die aber erst durch das Gedenken Gottes zu jenem Gedächtnis wird, das Heil vergegenwärtigt. Es ist deshalb verständlich, dass die vergegenwärtigende Memoria des Christusereignisses ein konstitutiver Grundzug des Gottesdienstes der Kirche ist. Auf diese Weise prägte das Christentum eine umfassende Gedächtniskultur aus, die vor allem in der Feier der Liturgie zum Ausdruck kommt. An ihr hat auch das Gedächtnis der Verstorbenen teil.[6]

2. Die Liturgie – ein Ort des Gedächtnisses der Verstorbenen

Zu Recht darf also der Gottesdienst als ein Ort des Gedächtnisses verstanden werden, eben der Memoria des Heilsgeschehens in

4 H. Hoping, Gedenken und erwarten. Zur Zeitstruktur christlicher Liturgie, in: Liturgisches Jahrbuch 50 (2000) 180-194, hier 186. Vgl. zu diesem fundamentalen Aspekt des liturgischen Gedächtnisses auch R. Wentz, „Herr, gedenke deines Bundes!" Ein Beitrag zum Verständnis liturgischer Anamnese, in: Heiliger Dienst 52 (1998) 203-219.

5 Gabengebet, Messe vom Letzten Abendmahl (Messbuch. Einsiedeln u.a. 1988, [25]), auch am 2. Sonntag im Jahreskreis (ebd., 209) und in der Votivmesse von Jesus Christus, dem ewigen Hohenpriester (ebd., 1127). Aus diesem, seit dem 8. Jahrhundert überlieferten Gebet hat die Liturgiekonstitution des Zweiten Vatikanischen Konzils ihre erste bedeutende Aussage über das Wesen der Liturgie entnommen. Vgl. SC 2.

6 Vgl. J. Bärsch, Gedächtnis der Verstorbenen – Begleitung der Trauernden. Die Liturgie des Totengedenkens zwischen kirchlicher Auferstehungshoffnung und gesellschaftlicher Trauerkultur, in: Auferstehung der Toten. Ein Hoffnungsentwurf im Blick heutiger Wissenschaften, hg. v. Hans Kessler, Darmstadt 2004, 340-359, hier 344f.

Jesus Christus. Damit ist natürlich nicht ausgeschlossen, dass die Liturgie auch einen Raum öffnet für das, was die Menschen hier und heute bewegt und bedrängt. Die Erinnerung an vergangene und gegenwärtige Erlebnisse kann und soll in das gottesdienstliche Feiern einfließen, wie dies beispielsweise im Allgemeinen Gebet in der Messe vorgesehen ist.[7] Unter den verschiedenen Gedenkanlässen darf auch das Gedenken der Verstorbenen einen Raum in der Feier des Gottesdienstes beanspruchen. Und so unterschiedlich wie die Erinnerung an die Toten sein mag, so unterschiedlich wird ihrer in Gebet und Feier gedacht. Einige werden an gemeinsame Erlebnisse mit ihren Toten denken, an durchlittene Stunden, aber auch an erfahrene Fürsorge und Liebe. Bei anderen mischt sich in die Erinnerung die Erfahrung, etwas zu versäumt zu haben, ein Gespräch, das nicht stattgefunden hat, eine Klärung, die dringend hätte erfolgen müssen, ein Schritt zur Versöhnung, der nicht gegangen wurde. All dies findet auch seinen Ort im betenden Gedenken.[8] Wo immer aber die Liturgie einen Ort für das persönliche wie kollektive Erinnern bereithält, bleibt dieses Gedenken zutiefst verbunden mit dem erlösenden Wirken Gottes in Jesus Christus.[9] Aus diesem Grund ist auch das christliche Gedächtnis der Toten getragen von dieser umfassenden Christus-Memoria. Hier geht es letztlich nicht um eine rein innerweltliche Erinnerungsarbeit, bei der die Hinterbliebenen ihre Trauer, Sehnsucht und Liebe, aber auch die Gefühle von Schuld, Zorn oder Ärger angesichts ihrer Toten zu bewältigen versuchen.

Weil der christliche Gottesdienst immer vergegenwärtigendes Gedächtnis der Erlösung aus Sünde und Tod ist, muss in ihm das Gedenken der Verstorbenen nicht vor den Grenzen der Schuld, des Todes und der menschlichen Vergänglichkeit kapitulieren. Denn in der Liturgie werden nicht nur die vergangenen Heilstaten Got-

7 Auf die Aktualität und Konkretion des Fürbittgebetes hebt z.B. B. Kleinheyer ab: Fürbitten – eine immer wieder neue Aufgabe, in: Heiliger Dienst 46 (1992) 128-144. 174-194, hier 181f. Vgl. auch: Mit der Not der Welt vor Gott. Inhalte und Formen der Fürbitten. Deutsches Liturgisches Institut Trier, erarbeitet v. E. Nagel (Pastoralliturgische Hilfen 11) Trier 1998.

8 Vgl. W. Haunerland, Totengedächtnis als Gebetsgedenken, in: Bestattungskultur – Zukunft gestalten. Dokumentation der Fachtagung in Erfurt vom 16.-17. Oktober 2003, hg. v. K. Gernig, Düsseldorf 2004, 117-123, hier 117-119.

9 Vgl. W. Haunerland, Gedächtnis unserer Erlösung. Die Liturgie als Ort der Erinnerung, in: Theologisch-Praktische Quartalsschrift 151 (2003) 4-16.

tes vergegenwärtigt, sondern auch die in ihnen liegende Verheißung der noch ausstehenden eschatologischen Erfüllung. „Christliche Anamnese ist Erinnerung an die Zukunft, ist Antizipation der Vollendung der Welt im Reich Gottes.“[10] Wo in diesem Glauben der Verstorbenen gedacht wird, eröffnen sich Perspektiven, die das zutiefst menschliche Empfinden, mit den Toten über die Erinnerung verbunden zu bleiben, nicht übergeht oder obsolet macht, aber es ausweitet in das Gedenken Gottes hinein. Wer an Gottes Heilshandeln und seine Bundeszusage glaubt, darf für sich wie für die Verstorbenen eine Zukunft erhoffen, die von Gottes größeren Möglichkeiten lebt. Darin unterscheidet sich das christliche Totengedenken in Gebet und Gottesdienst von einem säkularen Totenkult. Räumt doch die Liturgie den Toten einen Platz ein nicht nur für eine begrenzte Zeit des menschlichen Erinnerns. Sie empfiehlt sie dem Gedächtnis Gottes, der mit seiner Verheißung dafür steht, dass ihnen in seiner Ewigkeit Gerechtigkeit, Versöhnung und Leben zuteil werden.[11]

3. „Ich habe dich beim Namen gerufen" (Jes 43,1) – Vor Gott einen Namen haben

Zum Gedenken der Toten gehört wie selbstverständlich auch das Aussprechen ihrer Namen. Der Name sichert Erinnerung und Gedenken an einen bestimmten Menschen. In der Nennung seines Namens steht dieser konkrete Mensch in seiner Individualität vor der Gemeinde und vor Gott. So ist in der Feier des kirchlichen Begräbnisses ausdrücklich vorgesehen, dass der Name des (der) Verstorbenen genannt wird. Und dies nicht nur bei Ansprachen an die Hinterbliebenen, sondern vor allem, wenn sich die gottesdienstliche Versammlung an Gott wendet. In den Gebeten auf dem Friedhof ebenso wie in den Orationen der Messe und sogar im Zentrum der Eucharistiefeier, im Eucharistischen Hochgebet, soll der

10 R. Meßner, Die Kirche an der Wende zum neuen Äon. Vorüberlegungen zu einer Theologie der eucharistischen Anamnese, in: Die Glaubwürdigkeit christlicher Kirchen. Auf dem Weg ins 3. Jahrtausend. FS Lothar Lies, hg. v. S. Hell, Innsbruck-Wien 2000, 209-238, hier 222.

11 Vgl. Haunerland (s. Anm. 9) 15f.

Name vor Gott getragen werden: „Erbarme dich unseres Bruders N. (unserer Schwester N.), den (die) du aus dieser Welt zu dir gerufen hast. Durch die Taufe gehört er (sie) Christus an, ihm ist er (sie) gleichgeworden im Tod: lass ihn (sie) mit Christus auferstehen."[12] Hinter dieser Praxis steht die Überzeugung: Jeder Mensch hat einen Namen vor Gott, bei dem Gott ihn gerufen hat (vgl. Jes 43,1) und der „im Buch des Lebens" verzeichnet steht (vgl. Phil 4,3; Offb 3,5). Und der Name macht einen Menschen vor Gott unverwechselbar und einmalig. Sind doch vor ihm die Menschen keine anonyme Masse, sondern Personen mit ihrer Individualität und mit ihrer eigenen Würde, wie immer das je eigene Lebensschicksal im einzelnen ausgesehen haben mag. Wenn deshalb beim Gedächtnis der Toten der Name im Gebet ausgesprochen wird, dann bringt die feiernde Gemeinde das Gedenken dieses konkreten Menschen vor Gott, damit er sich seiner erinnert. Und wessen sich Gott erinnert, der lebt er vor ihm.[13] Deshalb erschöpft sich die Erinnerung an die Toten in Gebet und Gottesdienst nicht in einer Rückschau auf die irdische Lebenszeit, bei der gegebenenfalls all das totgeschwiegen wird, was dieses konkrete Leben durch Unrecht, Sünde und menschliches Versagen belastet hat. Die Hoffnung auf die eschatologische Vollendung, die in der Liturgie schon antizipiert erfahren wird, gibt den Feiernden den Mut, mit den Namen ihre Toten, so wie sie waren, in das Gedächtnis Gottes hineinzustellen. Sie brauchen nichts zu verdrängen, weil sie darauf vertrauen, dass in seiner Gegenwart Erlösung und Heilung der geschlagenen Wunden, der verpassten Chancen, des erlittenen Unrechts, der verwirkten Geschichte geschieht. Darin liegt die je größere Zukunft Gottes, an der die Toten teil haben. „Ohne die Hoffnung auf jenen Gott, der nie aufhört, seine Geschöpfe mit Namen zu nennen, ist das namentliche Totengedächtnis bloße Klage und Anklage, ein ungetrösteter Ruf in die Stille der Namenlosigkeit."[14]

---

12 Eucharistisches Hochgebet II (Messbuch, Einsiedeln u.a. 1988, 487).

13 Vgl. Christliche Bestattungskultur – Orientierungen und Informationen. 4. April 2004, hg. v. Sekretariat der Deutschen Bischofskonferenz, Kapitel 3.5.

14 D. Sattler, Gedächtnis der Toten in der Feier der Eucharistie. Systematisch-theologische Überlegungen aus ökumenischer Perspektive, in: Die Glaubwürdigkeit christlicher Kirchen (s. Anm. 10) 239-257, hier 257.

Für die gottesdienstliche Praxis ist dabei zu bedenken, dass die namentliche Nennung der Verstorbenen, für die z.B. um ein besonderes Gebetsgedenken in der Messfeier nachgesucht wurde, sich in der Regel nicht auf eine Information an die Gemeinde beschränkt (Pfarrbrief, Aushang o.ä., aber auch bei der Einführung in die Feier). Sie sollte darüber hinaus auch als Gebetsanliegen in Erscheinung treten. Der originäre Ort dafür ist das Allgemeine Gebet (Fürbitten), nicht das Hochgebet.[15] Ähnliches gilt auch beim kollektiven Totengedenken, wenn an Allerheiligen/Allerseelen bzw. am Totensonntag die Namen der im vergangenen Jahr verstorbenen Gemeindemitglieder rituell durch eine besondere Nennung in den Mittelpunkt gestellt werden. Auch Totengedächtnisbücher, Erinnerungstafeln u.ä. in den Kirchen und auf den Friedhöfen sind Möglichkeiten, die Verstorbenen in ihrem Namen im Gebetsgedenken präsent zu halten. In all diesen Formen wehrt sich die christliche Gemeinde schließlich auch gegen die zunehmende Anonymisierung und Privatisierung des Todes und der Toten in unserer Gesellschaft.[16]

4. Das Totengedächtnis – Dienst der Kirche an den Toten

Lange Zeit war in der katholischen Tradition das Totengedächtnis fast ausschließlich bestimmt vom Gedanken des fürbittenden Gebetes für die Verstorbenen.[17] In Gebet und Gottesdienst dominierte die Bitte, Gott möge den Toten ihre Sünden verzeihen und sie aus dem Ort der Läuterung befreien. So setzten sich die Le-

15 Die laute Nennung von Namen im Hochgebet ist, wie im Messbuch vorgesehen, nur bei der Begräbnismesse und bei der mit dem eigenen Formular gefeierten Gedächtnismesse für Verstorbene an Werktagen angebracht. Vgl. zur Sache E. Nagel, „Messfeier für..." Überlegungen und Vorschläge zum Umgang mit Mess-Stipendien, in: Gottesdienst 38 (2004) 65-67.

16 Vgl. H. Lutterbach, Anonymisierung von Verstorbenen. Tradition und Perspektiven christlichen Totengedenkens, in: Stimmen der Zeit 127 (2002) 743-755.

17 In den protestantischen Traditionen wurde hingegen das Gebet für die Toten aus theologischen Gründen weithin abgelehnt. Vgl. F. Merkel, Der Umgang mit Toten und Trauernden als Thema evangelischer Theologie und kirchlicher Praxis, in: Der Umgang mit den Toten. Tod und Bestattung in der christlichen Gemeinde, hg. v. K. Richter (Quaestiones disputatae 123) Freiburg-Basel-Wien 1990, 48-62, hier 50-52.

benden für die Verstorbenen ein und verwirklichten in den vielfältigen Formen des Totengedenkens eine große Solidargemeinschaft, die über die Grenze des Todes hinausreichte. Insofern ist das Totengedächtnis immer schon und zwar vornehmlich als ein Dienst der Kirche an den Verstorbenen verstanden worden. Dieser Dienst ist und bleibt auch heute von Bedeutung, denn in ihm bezeugt sich das christliche Verständnis von der einzigartigen Würde des Menschen vor Gott und von der Hoffnung auf die Vollendung der Welt und der Menschen in Gott. Allerdings wird der ehemals einseitig verengte Blick auf die Sündenschuld der Verstorbenen heute in ein umfassenderes Verständnis zu integrieren sein. Denn so wichtig es ist, dass Misserfolg und Versagen der Toten nicht verschwiegen, ihre Schuld und Grenzen benannt werden, ebenso haben doch der Dank für ihr Leben und für das, was sie geleistet und an Gutem getan haben, einen Platz im christlichen Totengedenken. Vor allem aber stellt der Glaube an den Gott, der die Verstorbenen nicht einem gesichtslosen Schicksal überlässt, sondern ihnen in sich eine Zukunft gibt, die Toten um ihrer selbst willen in den Mittelpunkt. Das Totengedächtnis in Gebet und Gottesdienst erinnert so nachdrücklich daran, dass den Verstorbenen eine auch im Tod nicht endende Würde zukommt, die ihnen nicht von Menschen gnädig zuerkannt wird (und dann auch aberkannt werden kann), sondern ihnen von Gott her bleibend geschenkt ist. Um dieser Würde willen, darf die Erinnerung an sie nicht vornehmlich als Anlass verstanden werden, um auf die Lebenden einzuwirken, noch dürfen die Toten selbst vereinnahmt und instrumentalisiert werden für Anliegen und Ziele der Nachgeborenen.

Wenn die Kirche die Verstorbenen in Gebet und Gottesdienst dem Gedächtnis Gottes empfiehlt, dann geschieht dies vornehmlich um ihrer selbst willen. Gerade weil das kirchliche Totengedenken der Kirche sich nicht auf einen moralisch-ethischen Appell der Lebenden beschränken muss, sondern im Gebet auf den baut, dessen Macht stärker ist als alle Mächte dieser Welt, kann es sich den Toten uneingeschränkt zuwenden. Dabei richtet sie schließlich den Blick nicht nur auf die Toten, zu denen die aktuell versammelte Gemeinde eine persönliche Beziehung hat, sondern auch auf all jene, die heute namenlos dem menschlichen Erinnern tatsächlich längst entschwunden sind und derer heute niemand mehr gedenkt. Selbst noch angesichts des Dunkels der Geschichte, in dem die Verstorbenen untergegangen zu sein scheinen, hält das Totengedenken an der unverlierbaren Würde aller Menschen vor dem Schöpfer fest, der ihrem Leben Sinn und Erlösung gewährt. In diesem Sinne darf das Totengedächtnis also zuerst als ein Dienst der Kirche an den Toten verstanden werden.

5. Das Totengedächtnis – Dienst der Kirche an den Hinterbliebenen

Dennoch ist nicht ausgeschlossen, dass das Totengedächtnis auch für die Hinterbliebenen bedeutsam ist und von ihnen als ein Dienst der Kirche erfahren werden kann. Denn wenn die christliche Gemeinde einen verstorbenen Bruder bzw. eine verstorbene Schwester zu Grabe trägt, gedenkt sie nicht nur des (der) Verstorbenen und erweist ihm (ihr) noch einmal den Dienst sichtbarer Gemeinschaft,[18] dann begleitet und unterstützt sie auch die Angehörigen, die vor der notwendigen Aufgabe stehen, ihren Verstorbenen (ihre Verstorbene) zu bestatten.[19] Die gottesdienstliche Feier im Angesicht des Todes mit ihren differenzierten Formen (Wegzehrung, Sterbegebete, Totenwache, Begleitung des Leichnams zur Kirche und zum Grab, Eucharistiefeier und Bestattung) nimmt dabei prinzipiell die situativ notwendigen Vollzüge auf und deutet sie im Blick auf das Wirken Gottes.[20] Auf diese Weise begleitet die christliche Gemeinde eben nicht nur den Sterbenden und nach dessen Tod seinen Leichnam, sondern auch die un-

18 Vgl. Christliche Bestattungskultur (s. Anm. 13) Kapitel 3.2.

19 Das Dekret zur Einführung des nachkonziliaren Ordo Exsequiarum betont ausdrücklich die Ausrichtung der Begräbnisliturgie auf den Verstorbenen wie die Hinterbliebenen: „In der Begräbnisfeier pflegt die heilige Mutter Kirche nicht nur die Verstorbenen Gott anzuempfehlen, sondern auch die Hoffnung ihrer Kinder aufzurichten und ihren Glauben an die künftige Auferstehung der Getauften mit Christus zu bezeugen." Ordo Exsequiarum. Editio typica, Vaticano 1969, 5 (Übersetzung hier zitiert nach: Dokumente zur Erneuerung der Liturgie 1. Dokumente der Apostolischen Stuhls 1963-1973, hg. v. H. Rennings unter Mitarbeit v. M. Klöckener, Kevelaer 1983, Nr. 1921).

20 Vgl. A. Franz, „Alles hat am Ende sich gelohnt"? Christliche Begräbnisliturgie zwischen kirchlicher Tradition und säkularen Riten, in: Liturgisches Jahrbuch 51 (2001) 190-211, hier 208f.

mittelbar vom Todesfall Betroffenen.[21] Aber auch nach dem Begräbnis lässt die christliche Gemeinde die Trauernden nicht allein. In den überlieferten Formen des Totengedenkens, wie das Sechswochenamt bzw. das dreißigtägige Gedächtnis und das Jahrgedächtnis, die hinsichtlich ihrer terminlichen Fixierung vorchristliche Traditionen aufgreifen, sind offenkundig ideale Zeitphasen institutionalisiert, die mit dem Abschluss der entsprechenden Trauerphasen korrespondieren. So steht im Idealfall das Sechswochenamt am Ende der sogenannten regressiven Phase, in der die Trauernden umfassend die Zerstörung ihrer Lebenswelt durch den Verlust erfahren haben, und das Jahrgedächtnis am Ende der adaptiven Phase, in der die Trauernden eine neue Beziehung zu ihrem Verstorbenen gefunden haben sollen und ihnen nach dem „Trauerstatus“ nun wieder ein neuer Status in der Öffentlichkeit zugewiesen wird.[22] Auf diese Weise dient die Kirche in ihrem Totengedenken auch im Trauerprozess den Hinterbliebenen.

Über diese begleitende Hilfe hinaus kann dem Totengedenken in Gebet und Gottesdienst ein weiteres Motiv zugewiesen werden, das einen wichtigen Dienst der Kirche an den Menschen darstellt: die Erinnerung an den eigenen Tod und die eigene Vergänglichkeit. Seit jeher wohnte der Totenliturgie auch immer die ernste Besinnung auf das Todesschicksal der Menschen insgesamt wie des Bedenkens des je eigenen Lebens im Angesicht des Todes inne. In früheren Jahrhunderten waren die Gläubigen darüber hinaus schon durch den Kirchgang über den um die Kirche gelegenen Friedhof, durch Denkmäler und die an und in den Kirchen angebrachten Grabplatten und Epitaphien,[23] durch Totenbildchen im Gesangbuch,[24] ja sogar durch eigene Erinnerungsformen wie Betrachtungssärglein, miniaturhafte Nachbildungen von Särgen mit

---

21 Vgl. Unsere Sorge um die Toten und die Hinterbliebenen (s. Anm. 3) 49-51.

22 Vgl. M. Probst, K. Richter, Zeichen der Hoffnung in Tod und Trauer. Ein Werkbuch zur Sterbe- und Totenliturgie, Freiburg-Basel-Wien 1996, 122f.

23 Vgl. K. Raschzok, Epitaphien, Totenschilde und Leichenpredigten als Erinnerungszeichen. Bemerkungen zu einer protestantischen Frömmigkeitstradition, in: Totengedenken und Trauerkultur. Geschichte und Zukunft des Umgangs mit Verstorbenen, hg. v. Markwart Herzog (Irseer Dialoge 6), Stuttgart-Berlin-Köln 2001, 111-155.

24 Vgl. Chr. Aka, Tot und vergessen? Sterbebilder als Zeugnis katholischen Totengedenkens (Schriften des Westf. Freilichtmuseums Detmold. Landesmuseum für Volkskunde 10), Detmold 1993.

Figuren von verwesenden bzw. skelettierten Leichnamen,[25] ständig an die Präsenz der Toten und der Allgegenwärtigkeit des (eigenen) Todes gemahnt.

Der einst vielstimmige Ruf des „Memento mori" ist demgegenüber heute nahezu verhallt. Obwohl uns auch heute der Tod tagtäglich, medial vermittelt durch Nachrichten, Krimis, Action-Filme oder CD-Spiele, erreicht, bleibt er uns doch auf eigenartige Weise fern. Es handelt sich um immer das Sterben und den Tod der Anderen. Man mag den Eindruck gewinnen, je massiver der Tod in Zeitung und Fernsehen in Erscheinung tritt, desto weiter weg rückt das Bewusstsein, selbst sterben zu müssen. Mit dieser mentalen Verdrängung wird der Tod als *conditio humana* ausgeklammert, zugleich aber das Leben um eine bedeutende Dimension ärmer. Kann doch gerade die Wahrnehmung der eigenen Vergänglichkeit zu einer vertieften Lebensgestaltung beitragen. Vor allem Menschen, die durch eine Krankheit oder einen Unfall an die Grenze ihres irdischen Daseins geführt wurden und dieses Erlebnis anzunehmen gelernt haben, bezeugen häufig, dass sie seither ihr Leben bewusster gestalten und täglich wie ein neues Geschenk empfinden. In diesem Sinne kommt in dem überlieferten Appell des „Memento mori" die bleibende Lebensaufgabe zum Ausdruck, zum Tod „seine je eigene, seine je persönliche Stellung zu gewinnen."[26] Dass es sich hierbei um ein bedeutendes Motiv christlicher Lebenskultur und Spiritualität handelt, zeigt bereits die „Grundregel", die Benedikt von Nursia empfohlen hat: „Den drohenden Tod sich täglich vor Augen halten."[27] Soll doch das Sichvertrautmachen mit der Tatsache des Todes zu jener Gelassenheit

25 Vgl. R. Sörries, Betrachtungssärglein im volksfrommen Brauchtum, in: Vom Totenbaum zum Designersarg. Zur Kulturgeschichte des Sarges von der Antike bis zur Gegenwart. Ausstellungskatalog, hg. v. Zentralinstitut und Museum für Sepulkralkultur, Kassel 21994, 77-82.

26 So der Schweizer Philosoph Andreas Cesana, der auf den fundamentalen Unterschied zwischen den tausend Arten und Formen zu sterben und dem einen Tod als menschliches Schicksal aufmerksam macht. Zitat hier nach Franz (s. Anm. 20) 209f.

27 Regula Benedicti 4,47. Diese Grundregel ist Teil einer Reihe von 74 „Merksprüchen", die das 4. Kapitel der Benediktregel bilden. Vgl. Emmanuel von Severus, „Mortem cotidie ante oculos suspectam habere" (Bened. Reg. 4,47). Anmerkungen zu einer christlichen Grundregel in der Regel des hl. Benedikt, in: Vivarium. FS Th. Klauser (Jahrbuch für Antike und Christentum. Ergbd. 11) Münster 1984, 310-313. – Vgl. K. Baumgartner, „Mit der ganzen Sehnsucht des

führen, die aus der Zuversicht des Glaubens an die Auferstehung erwächst, um frei zu werden „von den verkehrten Bindungen an das Irdische und empfänglich für die Gaben des Himmels."[28]

Darum bedarf es Zeiten und Orte, Formen und Anlässe, die das Bewusstsein um „das Los des sicheren Todes"[29] und der eigenen Sterblichkeit wach halten. Die Liturgie hat dieses Motiv des Totengedenkens immer gekannt und in unterschiedlicher Weise gepflegt. Dies kann sie tun, ohne deshalb lebensverneinend sein zu müssen; verkündet sie doch angesichts der Unausweichlichkeit des Todes nicht Vergeblichkeit und Vernichtung, sondern die Hoffnung auf die Auferstehung und das ewige Leben. Erinnert sei hier nur an die Begräbnisfeier, die beim „Gebet für Verstorbene und Lebende" am Grab sich nicht scheut, zuletzt zu beten für „den aus unserer Mitte, der als erster dem Verstorbenen vor das Angesicht Gottes folgen wird."[30] Nach der Grablegung weitet sich der Blick auf alle Verstorbenen, sodann auf die Trauernden und schließlich auf alle Mitfeiernden, wobei die Gewissheit des Todes eben nicht nur allgemein zur Sprache gebracht wird, sondern in ihrer immer den einzelnen Menschen treffenden Bedrängnis zum Ausdruck kommt. Neben der Begräbnisfeier, die nachdrücklich als Anlass ernster Besinnung auf das Todesschicksal des Menschen verstanden wird,[31] ist auch mit den verschiedenen Formen des Totengedächtnisses wie z.B. an den kollektiven Totengedenktagen Allerheiligen/Allerseelen oder Totensonntag das Anliegen verbunden, den Gläubigen „die Vergänglichkeit des eigenen Lebens" vor Augen zu stellen.[32] Es ist ein Kennzeichen zutiefst humanen Um-

---

Geistes nach dem ewigen Leben verlangen". Leiden und Tod im Leben des Ordenschristen, in: M. Langer – A. Bilgri (Hg.): Weite des Herzens – Weite des Lebens. FS O. Lechner. Regensburg 1989, I, 19-29.28 Gabengebet, Dienstag 2. Fastenwoche (Messbuch, Einsiedeln u.a. 1988, 97).

28 Gabengebet, Dienstag 2. Fastenwoche (Messbuch, Einsiedeln u.a., 1988, 97).

29 Präfation von den Verstorbenen I (Messbuch, Einsiedeln u.a. 1988, 452).

30 Die kirchliche Begräbnisfeier in den katholischen Bistümern des deutschen Sprachgebietes [...] Einsiedeln u.a. 1973, 68. 85. 103. Dieses Gebet scheint aus den volkssprachlichen Ermahnungen am Ende des Begräbnisses hervorgegangen zu sein. Als Fürbitte ist es beispielsweise in den Diözesanritualien von Freiburg 1929, Limburg 1916, Münster 1894 und 1931 enthalten.

31 Vgl. Die kirchliche Begräbnisfeier in den katholischen Bistümern des deutschen Sprachgebietes [...] Einsiedeln u.a. 1973, Pastorale Einführung Nr. 7 und auch Unsere Sorge um die Toten und die Hinterbliebenen (s. Anm. 3) 42.

32 Dieses Anliegen formuliert das Benediktionale in seinen Vorbemerkungen zur

gangs mit dem Tod, sich aus seiner Unentrinnbarkeit nicht wegzustehlen, sondern sich der Konfrontation mit ihm auszusetzen, um ihn aus dem Glauben annehmen zu lernen. So leistet die Kirche auch einen Dienst an den Lebenden, wenn sie bei Begräbnis und Totengedächtnis Orte und Anlässe für die „Meditatio mortis" schafft und den Blick auf den Tod als *conditio humana* lenkt.

6. Das Totengedächtnis – Anlässe und Formen in der Gemeindepastoral

Das Totengedächtnis greift demnach sowohl hinsichtlich der Verstorbenen wie der Hinterbliebenen unterschiedliche Aspekte auf. Seine verschiedenen Formen wollen

- das Gedächtnis der Verstorbenen bewahren, ihrer bleibenden Würde gedenken, in österlicher Zuversicht für ihr Leben danken und für sie bitten, um so die durch die Taufe begründete Verbundenheit mit ihnen auszudrücken,
- den Hinterbliebenen für ihre Trauer einen Raum eröffnen
- und unter den Lebenden die Erinnerung an die eigene Vergänglichkeit wach halten.

Auch wenn sich manche Formen (Armenseelen-Andacht) gewandelt haben mögen, Feiern zum Totengedenken gehören seit langer Zeit zum Kranz des gottesdienstlichen Lebens in den Pfarrgemeinden und verdienen weiterhin gepflegt bzw. wiederbelebt zu werden. Es ist deshalb sinnvoll, im Sachausschuss „Liturgie" des Pfarrgemeinderates bzw. in Kreisen, in denen am Gottesdienst Interessierte zusammenkommen, zu überlegen, wie das Totengedächtnis einen festen und regelmäßigen Platz in der Gemeindeliturgie finden kann.

Gräbersegnung an Allerheiligen/Allerseelen: Benediktionale. Studienausgabe für die katholischen Bistümer des deutschen Sprachgebietes [...] Einsiedeln u.a. 1981, 72. Für das Totengedenken am Toten- oder Ewigkeitssonntag sieht die lutherische Agende dieses Motiv nicht ausdrücklich vor. Vgl. Agende für evangelisch-lutherische Kirchen und Gemeinden III. Die Amtshandlungen. Teil 5. Die Bestattung [...] Neubearb. Ausgabe Hannover 1996, 119-121. Vgl. daneben auch Th. Hirsch-Hüffell, Gottesdienst am TotenEwigkeitsSonntag. Ein Entwurf aus Hamburg-Öjendorf, in: Lernort Gemeinde 15 (1997) Heft 3, 19-24 und P. Zimmermann, Der Gottesdienst am Totensonntag. Wahrnehmungen aus der Perspektive der „Trauernden", in: Pastoraltheologie 88 (1999) 452-467.

6.1 Das individuelle Totengedächtnis

Das *individuelle Totengedächtnis* steht vorrangig im Kontext eines konkreten Begräbnisses. Auch hier sollten Gestalt und Möglichkeiten der Begräbnisliturgie in der Gemeinde beraten werden. So ist beispielsweise darüber nachzudenken, ob das nachbarschaftliche oder gemeindliche Totengebet am Vorabend der Bestattung wieder aktiviert oder, wo es noch besteht, weiter gefördert werden kann. Auch die Teilnahme von eigens angesprochenen Gemeindemitgliedern, die an der Begräbnisliturgie (Messfeier, Grablegung) als Mitfeiernde teilnehmen, ist bedenkenswert. Denn nicht nur weil viele Trauernde oft gar nicht in der Lage sind, mitzubeten und zu singen, ist eine solche Hilfe wichtig, sondern auch weil auf diese Weise die ekklesiologische Dimension der Bestattung als ein Dienst der Gemeinde sich mit ihrer diakonischen Aufgabe der Begleitung des Toten und der Trauernden glücklich verbinden würde. Darüber hinaus besitzt das individuelle Totengedenken in den klassischen Formen des Sechswochenamtes oder des Jahrgedächtnisses, wie schon angesprochen, eine wichtige Funktion hinsichtlich des Gedenkens des Verstorbenen wie des Trauerprozesses der Betroffenen. Aber auch wo diese Formen möglicherweise auf wenig Resonanz seitens der Angehörigen zu stoßen scheinen, hat die priesterliche Berufung der Gemeinde, stellvertretend das betende Gedächtnis der Verstorbenen zu pflegen, ihre bleibende Bedeutung.[33]

Zum Umkreis des individuellen Totengedenkens gehört auch der ursprünglich nur im katholischen Bereich beheimatete Brauch anlässlich eines Todesfalls Sterbe- oder Totenbildchen zu verteilen. Während der Name und die Lebensdaten des Verstorbenen (und ggf. sein Foto) eine Erinnerung an einen konkreten Menschen sind, beinhaltet das religiöse Bild auf der Vorderseite und ein Gebetsspruch oder -text zugleich einen Impuls zum betenden Gedenken.[34] Auch hierin liegt eine nicht zu unterschätzende Anregung für das individuelle Totengedenken. Das Bistum Essen hat

33 Vgl. Haunerland (s. Anm. 8) 122.

34 Vgl. oben Anm. 24 und A. Heinz, Art. Sterbebild, in: Lexikon für Theologie und Kirche 9 (Freiburg u.a. ^{3}2000) 975f.

aus diesem Grund ein kleines Heft für die Hand der Teilnehmer bei einem Begräbnis gestaltet, das eine Hilfe zur Mitfeier in der Kapelle und am Grab bietet, aber dann mitgenommen werden darf und als Zeichen der Erinnerung Gebete und Anregungen zum persönlichen Totengedenken enthält.[35]

6.2 Das allgemeine Totengedächtnis

Neben dem individuellen Gedenken ist aber auch das *allgemeine Totengedächtnis* zu beachten, bei dem nicht ein einzelner Verstorbener mit dem von diesem Tod besonders Betroffenen im Mittelpunkt steht, sondern einer bestimmten Gruppe von Verstorbenen (im letzten Monat, im vergangenen Jahr Verstorbene, die toten Vereinsmitglieder o.ä.) oder aller Toten gedacht wird. Für dieses allgemeine Totengedächtnis bietet sich eine ganze Reihe verschiedener Anlässe im Jahresverlauf an. Hier soll nur auf einige Beispiele aufmerksam gemacht werden: Klassische Termine für das allgemeine Totengedenken sind natürlich die Tage *Allerheiligen* und *Allerseelen* (1. und 2. November).[36] Noch immer gehören an diesen Tagen Grabschmuck und Friedhofsbesuch zu einem von vielen Menschen geübten Brauch. Es ist deshalb ratsam, diesen zu erhalten und weiterhin zu fördern. Mancherorts schmücken ehrenamtliche Mitarbeiterinnen und Mitarbeiter Gräber und stellen ein Licht auf, weil es keine Angehörigen mehr gibt oder diese weit entfernt wohnen. Auch in diesem ganz praktischen Dienst bezeugt eine christliche Gemeinde ihre Sorge um die Verstorbenen und unterstreicht die Ernsthaftigkeit, mit der es ihr um das Totengedenken zu tun ist.

---

35 Vgl. Die Feier des Begräbnisses, hg. v. Bischöflichen Generalvikariat Essen, Essen 2004.

36 Seit der Entstehung des Gedenktages Allerseelen in Cluny (Anfang des 11. Jahrhunderts) versteht sich das Totengedächtnis als organische Fortführung des Allerheiligenfestes. Darum ist die Gräbersegnung am Nachmittag des Allerheiligentages nicht vorrangig dem arbeitsfreien Feiertag geschuldet, sondern eng an das Allerheiligenfest gebunden. Zur Sache vgl. J. Bärsch, Allerseelen. Studien zu Liturgie und Brauchtum eines Totengedenktages in der abendländischen Kirche (Liturgiewissenschaftliche Quellen und Forschungen 90) Münster 2004.

In vielen Gemeinden ist es üblich, sich am Nachmittag oder Abend des Allerheiligentages, gelegentlich auch am Allerseelentag, auf dem Friedhof zu einer gottesdienstlichen Feier zu versammeln. Damit ist zumeist die Segnung der Gräber verbunden. Aber auch, wo dies nicht möglich ist, sollte es an diesen Tagen eine Feier zum Totengedenken in der Kirche geben. Dazu könnten besonders die Angehörigen eingeladen werden, die im vergangenen Jahr ein Familienmitglied durch den Tod verloren haben.

Auch der *Jahrestag der Kirchweihe* ist seit alter Zeit ein Anlass zum Gedenken der verstorbenen Gemeindemitglieder. Im Hintergrund steht der Gedanke, dass die Pfarrgemeinde als Kirche vor Ort auch all jene umfasst, die hier gelebt und geglaubt und ihren Glauben weitergegeben haben, und dass die Verbundenheit mit ihnen nicht durch den Tod zerstört wird. Darum findet das Totengedächtnis gerade am Kirchweihsonntag, dem Patrozinium oder einem anderen wichtigen Gemeindetag (Gründungstag, Pfarrfest o.ä.) einen organischen Platz, der auch für die Gemeinde- und Ortsidentität nicht unerheblich ist. Dabei schließen sich gegebenenfalls der fröhliche Festcharakter und das Gedenken der Verstorbenen keineswegs aus. Im Gegenteil: Das heute zumeist nicht mehr selbstverständliche Nebeneinander von Lebenden und Toten, von Fest und Gedenken, kann bewusst machen, dass Leben und Tod nicht voneinander zu trennen sind und die Taufe ein gemeinschaftliches Band knüpft, aus dem im christlichen Glauben die Verstorbenen nicht herausfallen.[37] Ähnlich wie beim Jahrestag

37 Dies haben Menschen früherer Jahrhunderte als selbstverständlich erfahren, wenn der Friedhof rund um die Kirche ein Ort der Kommunikation und nicht selten auch der Feier war. Die Tradition, vor dem sonntäglichen Hauptgottesdienst Wasser zu segnen und damit die Gläubigen, bei der anschließenden Prozession aber auch die Gräber der Toten zu besprengen, verstand sich als ein Ritual, bei der die auf dem Kirchhof ruhenden verstorbenen Pfarrangehörigen in die Sonntagsfeier der Ortsgemeinde und das Gebet ihrer Mitchristen hineingenommen wurden. Dabei wurde diese Aspersion als eine Form gemeinschaftlicher Tauferinnerung gedeutet. In der Taufe, die sakramental Anteil an Tod und Auferstehung Christi schenkt, wussten sich Lebende und Verstorbene verbunden. Nicht selten gehörte zu diesem Umgang auch eine Statio am Ossuarium, dem „Beinhaus“, wobei die Lebenden den Verstorbenen Anteil am Ostersieg ihres Erlösers erflehten, den sie am Sonntag in der Eucharistie feierten. Vgl. A. Heinz, Trinitarische und österliche Aspekte in der Sonntagsfrömmigkeit des Mittelalters. Zeugnisse aus Liturgie und volksfrommem Beten, in: Der Sonntag. Anspruch – Wirklichkeit – Gestalt. FS J. Baumgartner, hg. v. A. M. Altermatt u. Th. A. Schnitker unter Mitarbeit von W. Heim, Würzburg-Freiburg/Schw. 1986, 82-98, hier 88f.

der Kirchweihe könnten Verbände, Vereinigungen und Gruppen der Gemeinde mit ihrem jährlichen *Vereinsfest* ein Gedächtnis der verstorbenen Vereinsmitglieder verbinden. So findet sich beispielsweise der Kirchenchor einer Pfarrei an einem Tag nach ihrem „Cäcilienfest“ (vielleicht kurz vor dem wöchentlichen Probentermin) zu einer kleinen Feier zusammen, um ihrer verstorbenen Sängerinnen und Sänger zu gedenken.

In manchen Regionen ist es Brauch, an den beiden großen Festen im Kirchenjahr, *Ostern* und *Weihnachten*, die Gräber mit einer kleinen Osterkerze oder einem weihnachtlichen Licht und einem Tannenzweig zu schmücken. Auf diese Weise sollen die verstorbenen Familienmitglieder in die Festfeier miteinbezogen werden und zugleich teilhaben an der frohen Botschaft von Ostern und Weihnachten. So ist es deshalb denkbar, am Abend des Ostersonntags sich zu einer Taufvesper zu versammeln, an deren Ende Grablichter an der Osterkerze entzündet werden, die man anschließend in einer Prozession auf den Friedhof trägt. Ähnlich könnte ein solcher Vespergottesdienst am Weihnachtsfest gefeiert werden. Die enge familiäre Verbundenheit mit den verstorbenen Angehörigen führt nicht selten dazu, dass bei der Feier der Taufe und bei der Feier der Trauung der Wunsch geäußert wird, in einer Fürbitte der Toten der Familie zu gedenken.

Neben dem in vielen evangelischen Kirchen beheimateten Totensonntag (vielfach auch Ewigkeitssonntag oder Gedenktag der Entschlafenen genannt) bietet vor allem der *Volkstrauertag*, welcher der Toten der beiden großen Weltkriege des 20. Jahrhunderts gedenkt, Gelegenheit zu einem ökumenischen Totengedächtnis.

Seit 1996 gibt es in der Bundesrepublik Deutschland einen weiteren staatlichen Gedenktag: Am *27. Januar* jeden Jahres wird an die Opfer des Nationalsozialismus erinnert. Auch viele christliche Gemeinden begehen mittlerweile diesen Tag. Denn die Liturgie muss nicht nur von ihrem ureigenen Anspruch her jedem Versuch widerstehen, das Gedächtnis der Leidenden, Unterdrückten und Ermordeten zu verdrängen, sie weiß darüber hinaus auch um die Gegenwart Gottes, der den Opfern jene Würde zuerkennt, die ihnen auf Erden versagt geblieben ist und dessen Gedenken so umfassend ist, dass darin auch alle Opfer der Geschichte und alle Toten eine bleibende Zukunft finden, in der Gewalt und Terror,

Unrecht und Sünde nicht das letzte Wort haben.[38] Es ist deshalb sehr sinnvoll, wenn an diesem Tag in der Gemeinde ein entsprechender Gedenkgottesdienst (vielleicht auch ökumenisch bzw. in einer multireligiösen Feier von Christen und Juden) gefeiert wird.[39] Über die jährlich herausragenden Termine hinaus ist zu bedenken, ob es nicht ein *monatliches Totengedächtnis* in der Gemeinde (oder auch im Krankenhaus!) geben kann. Neben der Messfeier für die Verstorbenen ist auch eine nichteucharistische Feier sinnvoll. In einigen Kirchen liegt das Totenbuch der Pfarrei (mancherorts „Buch des Lebens" genannt) öffentlich aus. Es ist jeweils die Seite aufgeschlagen, auf der die Namen der in den vergangenen Jahren in dieser Woche oder diesem Monat Verstorbenen verzeichnet sind. Auf diese Weise bleiben die Toten mittels ihrer Namen im Buch auch visuell präsent. Gelegentlich schauen Teilnehmer am Gottesdienst beim Betreten oder Verlassen der Kirche in das Buch und entdecken bekannte Namen. Bei einem monatlichen Totengedächtnis könnte dieses Buch in der Feier eine wichtige Rolle spielen, indem daraus die Namen der Toten verlesen werden, deren Jahrestag im besagten Monat begangen wird. Das Gebet für diese Verstorbenen ist damit nicht nur besonders motiviert, sondern stellt sie bewusst und ausdrücklich in das Gedenken Gottes hinein.

Angeregt von der speziellen religiösen Situation in Ostdeutschland wird im Erfurter Dom seit über drei Jahren jeweils am ersten Freitag des Monats ein Totengedenken mit Christen und Nichtchristen gefeiert. Auch hier spielen das Aussprechen und schriftliche Festhalten der Namen der Toten eine wichtige Rolle. In einem einfachen Gottesdienst sind die Teilnehmenden nämlich eingeladen, in das an den Altarstufen ausliegende „Buch des Lebens" die Namen ihrer Verstorbenen einzutragen und vorzulesen. Im Ver-

---

38 Vgl. Haunerland (s. Anm. 9) 15f.

39 Vgl. W. Fischer, Klagen und beten, in: Gottesdienst 36 (2002) 188f.; Miserere. Gedenkgottesdienst einer christlichen Gemeinde im Angesicht des jüdischen Volkes (zu beziehen bei: VzF Deutsches Liturgisches Institut, Postfach 2628, D-54216 Trier, e-mail: dli@liturgie.de); ebenfalls im Blick auf den 9. November vgl. St. Wahle, „Wir möchten uns erinnern". Gedenkgottesdienste am 9. November, in: Liturgisches Jahrbuch 52 (2002) 46-58. Zur multireligiösen Feier vgl. Leitlinien für multireligiöse Feiern von Christen, Juden und Muslimen. Eine Handreichung der deutschen Bischöfe. 25. Januar 2003 (Arbeitshilfen 170) Bonn 2003.

lauf der Feier werden Lichter an der Osterkerze entzündet, um abschließend das Buch in einer Prozession zum Heiligen Grab in der Domkirche zu übertragen und dort niederzulegen. Auf diese Weise sollen Menschen, die nicht durch den christlichen Glauben eine Hoffnung über den Tod hinaus haben, mit ihrer Sprachlosigkeit angesichts des Todes nicht allein gelassen werden. Auch ihnen öffnet die Kirche in diakonischer Solidarität einen Raum, in denen sie sich mit ihren Möglichkeiten an die Feier der Christen anlehnen können und der sie nicht überfordert oder von ihnen etwas abverlangt, was sie nicht vollziehen können. Gerade darin darf und muss der christliche Glaube an die Auferstehung als authentisches Zeugnis in Wort und Ritual zur Sprache kommen.[40] Einen „Trauer-Raum" hält man auch in der evangelischen Johanneskirche in Mainz offen, um Gelegenheit zum persönlichen wie gemeinschaftlichen Gedenken der Verstorbenen, zum Gespräch und zur Feier zu geben.[41]

Eine eigene Herausforderung für die Gedenkkultur und darin auch für das gottesdienstliche Totengedächtnis der Christen bilden Feiern für Eltern und Geschwister, die eine Tot- oder Fehlgeburt zu beklagen haben.[42] Aber auch bei anonymen Bestattungen, bei jenen Situationen, wo nach einem Unfall oder einer Katastrophe kein Leichnam bestattet werden kann, oder wenn der Ort unbekannt ist, spüren viele Hinterbliebene, dass ihnen ein Ort für ihren Verlust und ihre Trauer fehlt. Deshalb können christliche Gedenkgottesdienste helfen, der Trauer und dem betenden Gedenken einen Platz zu geben.[43] Was die gottesdienstlichen Formen für das Totengedenken betrifft, so steht in der katholischen Tradi-

40 Vgl. R. Hauke, Der Trauer einen Ort geben. Monatliches Totengedenken im Erfurter Dom, in: Gottesdienst 36 (2002) 68. Eine solche Feier ist in einer Video-Aufzeichnung dokumentiert, die beim Katholischen Dompfarramt, Domstraße 9, D-99084 Erfurt (e-mail:) erworben werden kann.

41 Vgl. Gottesdienst 36 (2002) 58.

42 Vgl. Eltern trauern um ihr totes neugeborenes Kind. Hinweise zur seelsorglichen Begleitung. 25./26. April 1993 (Arbeitshilfen 109) Bonn 1993, 26-44; C. A. Huber, „Das Leben wieder leise lernen". Zur Offenburger Pastoral mit Menschen, die durch Tod- und Fehlgeburt betroffen sind, in: Gottesdienst 38 (2004) 117-119 und den Beitrag in diesem Band von M. Bernhard, D. Kellner, U. Schmid, Begleitung frühverwaister Eltern - pastorale und liturgische Impulse.

43 Vgl. Haunerland (s. Anm. 8) 121. – Vgl. auch den Beitrag des Erzbisch. Seelsorgeamtes München im vorliegenden Buch.

tion an erster Stelle die *Feier der Messe*.[44] Denn in ihr wird nicht nur der Tod und die Auferstehung des Herrn sakramental vergegenwärtigt und damit der Grund der christlichen Hoffnung auf eine Zukunft der Toten bei Gott bezeugt, in ihr ereignet sich auch die sakramentale Communio der Lebenden mit den Verstorbenen, die sich im Paschamysterium Christi realisiert. Deshalb findet das christliche Begräbnis seinen Höhepunkt in der Feier der Eucharistie.[45] Aber auch die genannten Beispiele der Memorialliturgie sind deshalb sachlich eng mit der Messfeier verbunden. Allerdings hat sich das gottesdienstliche Leben angesichts des Todes nie allein auf die Eucharistie beschränkt. Daneben waren immer auch andere liturgische Feier-Formen Ausdruck der gläubigen Hoffnung und des fürbittenden Gebets.[46] Dazu gehört beispielsweise die *Feier der Tagzeitenliturgie*, vor allem die sogenannte „Totenvesper".[47] Gerade die Psalmen, die in dichter Weise Klage und Schmerz ebenso auszudrücken vermögen wie die Hoffnung auf den rettenden Gott und die Haltung österlichen Vertrauens sind biblische Schätze, die speziell in der Totenliturgie von eindrücklicher Kraft sind.[48] Dies nicht zuletzt, weil sie ehemals nicht den Charakter der Fürbitte trugen, sondern vielmehr *in persona defuncti* gesungen wurden, man also dem Verstorbenen seine Stimme lieh und dieser wie ein Mitfeiernder erschien. Es war letztlich der Tote, der seine Klage und sein Vertrauen auf Gott, aber auch seinen Dank für Gottes rettende Taten ausdrückte. So blieb lange Zeit der Gedanke lebendig, dass die noch auf Erden lebenden Getauften mit den in Christus Gestorbenen durch das gemeinsame Gotteslob verbunden sind.[49] Aber auch eher *volksfromme Formen* des Totengebets und -gedenkens wie sie in

---

44 Vgl. Bärsch, Gedächtnis der Verstorbenen (s. Anm. 6) 348-350.

45 Vgl. Die kirchliche Begräbnisfeier (s. Anm. 31) Pastorale Einführung Nr. 19.

46 Vgl. dazu die Modelle und Vorschläge bei J. Bärsch, Gottesdienste zum Totengedächtnis. Bedeutung, Anlässe, Formen (Laien leiten Liturgie) Kevelaer 2001, 23-74.

47 Vgl. Bärsch, Gedächtnis der Verstorbenen (s. Anm. 6) 350-352.

48 Vgl. R. Kaczynski, Die Psalmodie bei der Begräbnisfeier, in: Liturgie und Dichtung. Ein interdisziplinäres Kompendium II. FS Walter Dürig, hg. v. H. Becker u. R. Kaczynski (Pietas Liturgica 2) St. Ottilien 1983, 795-831.

49 Vgl. A. A. Häußling, Wer feiert eigentlich Liturgie? Zum Subjekt gottesdienstlichen Handelns, in: Freiburger Zeitschrift für Philosophie und Theologie 48 (2001) 5-23, hier 18-21.

Andachten, in Friedhofsprozessionen oder im Rosenkranz in Erscheinung treten, sollten gepflegt und mit Bedacht die genannten gottesdienstlichen Feiern ergänzen.

Das Gedächtnis der Toten, wie immer es in Gebet und Gottesdienst Gestalt gewinnt, stellt so letzten Endes einen Widerstand dar gegen die für gelingendes Leben abträgliche Tabuisierung, Verdrängung und Privatisierung des Todes und der Toten in einer todes- und damit auch gedächtnislosen Gesellschaft. Darin ist es ein Dienst der Kirche, wenn sie im Glauben an die Auferstehung die Toten in das Gedenken Gottes empfiehlt, die Trauernden tröstend begleitet und die Lebenden zum ehrlichen Blick auf das wahre Ziel des Lebens anhält.

Werner Gutheil

Mit Trauernden Gottesdienst feiern

1. Situation

Bereits 1994 haben die deutschen Bischöfe[1] auf die entscheidenden Veränderungen in den letzten Jahren und Jahrzehnten in der Bestattungskultur hingewiesen. Die Unfähigkeit, mit Schmerz und Trauer umzugehen, sei gewachsen und die Friedhofs- und Grabmalkultur suche nach neuen Gestaltungsformen. Der Wandel in vertrauten Traditionen ist erkennbar: Mehr Feuerbestattungen als Erdbestattungen, Friedwald statt Friedhof. „Die Beerdigungsrituale verlieren an Bedeutung."[2] Es fällt aber inzwischen auf, dass es den Wunsch nach „Hilfen in der Trauersituation" immer häufiger gibt. Individuelle Rituale sind mehr gefragt als gemeinschaftliche Formen. Gerade wenn Menschen im Krankenhaus versterben, wünschen die Angehörigen im unmittelbaren Moment des Todes, aber auch in der Zeit der Trauer nicht alleine gelassen zu werden. Oftmals können ehrenamtliche Hospizhelferinnen und Helfer[3] über den Tod hinaus gute Begleitungsdienste tun. Dennoch ist gerade im Tod und in der ersten Trauerzeit die Kirche mit ihren Möglichkeiten gefragt. Priester und pastorale Mitarbeiter/innen haben hier Chancen zur Begegnung mit den Mitteln der Rituale und des Gesprächs. Leider ist aber auch zu beobachten, dass genau diese Chance beim Tod und in der ersten Trauerzeit vertan wird und es nicht zu Kontakten mit kirchlichen Mitarbeiter/innen kommt, weil die Bestattungsunternehmen diese „Erstversorgung" übernommen haben. Vielleicht kann Kir-

1 Die deutschen Bischöfe, Unsere Sorge um die Toten und die Hinterbliebenen, Bestattungskultur und Begleitung von Trauernden aus christlicher Sicht, Bonn, 22. November 1994 Heft Nr. 53 (in Überarbeitung)

2 ebd. Nr. 02 (Seite 11)

3 In Hanau und im gesamten Main-Kinzig-Kreis gibt es die Arbeitsgemeinschaft Hospiz, ein ambulanter Hospizdienst, der im häuslichen Bereich Begleitungen von Sterbenden und deren Angehörigen anbietet. Da ich die Ausbildung durchführe und als Vorstand Verantwortung mittrage, kann ich im häuslichen und im klinischen Bereich gute Kontakte vermitteln.

che in Zusammenarbeit mit diesen Schlüsselpersonen wieder vertieften Kontakt in der ersten Zeit der Trauer herstellen.

Kontaktmöglichkeiten vor der Beisetzung z.B. bei der Vorbereitung des Requiems, die sicherlich bei der Trauerfeier möglich waren und sind, werden heute durch die Vielzahl an Beisetzungs- und Verabschiedungsmöglichkeiten erschwert oder sogar verhindert. Requien sind vielerorts nur noch in Verbindung mit Gemeindegottesdiensten üblich und deshalb sogar immer seltener. Aus dieser Not heraus wurde in Hanau, einer Stadt mit ca. 100.000 Einwohnern im Rhein-Main-Gebiet im Laufe der Zeit eine Vielzahl an Trauerangeboten[4] entwickelt, um Hilfe anzubieten und Begegnung mit dem kirchlichen Leben zu vermitteln. Daneben gibt es das Kindergrabmal, einen Gedenk- und Bestattungsort[5] für fehlgeborene Kinder, ein Gemeinschaftsgrab mit namentlichem Gedenken auf einem Gemeinschaftsgrabstein für Menschen, deren soziale Situation eine würdige Grabgestaltung nicht ermöglicht. Nicht zuletzt für Menschen, die kein Grab haben, oder deren Grab bereits der kurzen Liegezeit zum Opfer gefallen ist, gibt es eine Gedenkwand. Vergleichbar sind auch die Gedenksteine auf den Stadtteilfriedhöfen, um Eltern ein gemeinschaftliches Gedenken zu ermöglichen, deren Kindergrab aufgrund der Liegezeit nach 15 Jahren „abgeräumt" wurde. Diese Projekte sind nur möglich, weil dahinter „Schulprojekte"[6] stehen, die neben der praktischen Erarbeitung von Gedenkschildern sich persönlich mit der Thematik „Sterben, Tod und Trauer" beschäftigen. Schülerinnen und Schüler haben so bereits als Jugendliche die Möglichkeit, sich mit einem Thema zu beschäftigen, mit dem sie meist noch nicht in Kontakt gekommen sind. Aus dieser Fülle an Angeboten und Projekten um „Sterben, Tod und Trauer" hat sich das nachfolgend be-

4 Gesprächskreise, Trauerwochenenden, Gottesdienste für Eltern, die ein Kind verloren haben, Wortgottesdienste für Frauen und Männer, die eine Partnerin, einen Partner verloren haben.

5 Das Kindergrabmal ist nicht nur Bestattungsort für aktuelle Fehlgeburten (wobei gerade der konkrete Ort durch einen Stern kenntlich gemacht wird), sondern vor allem auch Gedenkort für die Menschen, die kein Grab ihres verstorbenen Kindes haben.

6 Ludwig Geißler Schule (Metallklasse EIBE, Schreinerklasse), Eugen Kaiser Schule (Berufsgrundschuljahr Gartenbau) , staatliche Zeichenakademie (Glasgravur) alle in Hanau. Insgesamt sind zeitweise fünf Schulklassen im Alter von 16 bis 19 Jahren beteiligt.

schriebene gottesdienstliche Angebot entwickelt. Es will der veränderten Situation Rechnung tragen und für die Trauernden ein hilfreiches kirchliches Angebot machen, dass ihre Trauer eine Ausdrucksform und einen Ort bekommt. Deshalb wird auf traditionelle Formen zurückgegriffen, aber der veränderten Trauersituation der Menschen durch einige wichtige, eher sinnliche Gestaltungselemente[7] Ausdruck gegeben.

2. Gottesdienste für Trauernde

Da das Requiem unmittelbar in Verbindung mit der Beisetzung bei uns eher selten geworden ist, wurde bewusst eine ähnliche Form gewählt, die aber stärker die Gemeinde einbezieht. Eine Werktagsmesse mit entsprechender Werktagsgemeinde bildet die Trägergruppe für die Trauernden. Die Eucharistie[8] ist der Ort, an dem seit Jahrhunderten der Verstorbenen namentlich gedacht wird. Seit dem Jahr 2002 finden in der Stadtpfarrkirche in Hanau „Gottesdienste für Trauernde" statt. Wichtig ist ein zentraler Ort in einer Stadt oder in einem Dekanat, nicht der Gottesdienstraum der Heimatpfarrei, weil Menschen häufig erst durch den Tod ihres Angehörigen wieder einen Zugang zur Kirche finden. Anfangs waren diese Gottesdienste immer mit einem sich an fünf Abenden im vierzehntätigen Rhythmus anschließenden Gesprächskreis verbunden, was aber für die vorhandene Werktagsgemeinde zu häufig war. Deshalb finden die Gottesdienste seit Beginn des Jahres 2003 als „Quartalsgottesdienste" am 2. Montag jeden Quartals statt. (Der zweite ist wegen möglicher Feiertage günstiger als der erste Montag.)

7 Fürbitten, Namentliches Gedenken, Gedenkort in der Kirche
8 Diese Form kann aber auch als Wort Gottes Feier oder auch in ökumenischer Ausrichtung gefeiert werden. Später werden entsprechende Variationsmöglichkeiten angegeben.

2.1 Einladung und Zielgruppe

Zu den Gottesdiensten wird über die örtliche Presse, das Bistumsblatt, die Pfarrmitteilungen, mit den Informationen zum Trauerangebot in der Region und von den umliegenden Pfarreien im persönlichen Anschreiben an alle Angehörige von Verstorbenen des zurückliegenden Quartals eingeladen. In Trauergesprächen kann somit auf den Gottesdienst aufmerksam gemacht werden, gerade dann, wenn ein einzelnes Requiem unüblich geworden ist. Damit ist auch die Zielgruppe angesprochen. Selbst evangelische Christen nutzen dieses Angebot.[9]

2.2 Gestaltung und Liedauswahl

Der Gottesdienst orientiert sich am Ablauf der Eucharistie und wird von uns bewusst in Schwarz gefeiert. Bei der Liedauswahl sollte durchaus der Trauercharakter des Gottesdienstes zum Tragen kommen. So bieten sich die „Gottesloblieder" Nr. 621 (Ich steh vor dir mit leeren Händen, Herr), Nr. 290 (Gott wohnt in einem Lichte), Nr. 164 (Erbarme dich, erbarm dich mein), Str. 4 u. 5 oder Nr. 622 (Hilf, Herr meines Lebens), Str. 1, 3 u. 5 als Eingangslied an. Bewährt hat sich auch zum Eingang Nr. 495 als Kyrielitanei zu singen. Von Zeit zu Zeit sollte auch ein Schuldbekenntnis gesprochen werden, mit dem Hinweis auf Unversöhntes in der Beziehung zu den Verstorbenen und die Zusage auf Verzeihung durch den Verstorbenen und durch Gott. Insgesamt sollte die Gestaltung zwar immer Hoffnung und Zuversicht ausdrücken, aber von schnellem österlichen Trost Abstand nehmen. Als Zwischengesänge können Lieder aus dem Gotteslobteil „Tod und Vollendung" oder auch lokale „Totenlieder" gewählt werden. Sie bieten Anknüpfungspunkte für die Trauernden.

9 Gerade in der Klinik können so Menschen angesprochen werden, die weder konfessionell noch gemeindlich gebunden sind.

2.3 Begrüßung

Am Anfang wird immer die Gemeinde angesprochen, die regelmäßig zum Gottesdienst kommt. Der Gottesdienst für Trauernde findet zu einer üblichen Zeit statt, so dass auch die „Werktagsgemeinde“ anwesend sein wird. Sie wird als „Trägergruppe“ für die Trauernden angesprochen, die durch ihr Mitsingen und -beten den Trauernden beisteht und sie begleitet. Danach werden die Menschen angesprochen, „die einen (lieben) Angehörigen verloren haben“. Beide Gruppen müssen miteinander in Kontakt gebracht und in ihrer Bezogenheit aufeinander in der Begrüßung angesprochen werden.

2.4 Lesungstexte

Als Lesungstexte sind erfahrungsgemäß entsprechende „Hoffnungstexte“ hilfreich. Sie sollten dem Gesamtcharakter in ihrer Aussage unterstreichen. Bewährt haben sich 1 Thess 4,13-18; 2 Kor 7,8-11; 2 Kor 4,7-11; 2 Kor 4,14-51; 2 Kor 5,14-17. Durch den Briefcharakter bedürfen diese Texte keiner langen Auslegung.

2.5 Evangelium und zentrale Symbolgeschichte

Grundlage für die Ansprache ist entweder der Evangeliumstext oder die Symbolgeschichte, deren Bedeutung für die Fürbitten wichtig ist. Folgende fünf Texte[10] wurden bislang verwendet und entsprechend ausgelegt:

2.5.1 Lk 7,11–17 (Totenerweckung des Jünglings von Nain)

Der Text wird so gedeutet, dass durch den Weg in der Trauer der Verstorbene zurückgegeben wird, aber anders als es unsere Vorstellung vermag. Die Mutter erhält ihren Sohn zurück, die Bezie-

10 Es können auch andere Texte, z.B. dem Kirchenjahr entsprechend, ausgewählt werden, dabei sollte aber der Charakter des Gottesdienstes Vorrang haben.

hung zueinander ändert sich. Hierbei sollte nicht zu stark das Bild von Mutter und Sohn, sondern eher die Beziehung von Lebenden zum Toten betont werden. Die Mitte des Textes: Jesus ist der Herr des Lebens; er schenkt uns im Reich Gottes neues, bleibendes Leben, soll dann als Dank und Bitte zur Sprache kommen.

Hinzu kommt die Geschichte für das Symbol: Rosen und ein Korb. In Anlehnung an eine jüdische Weisheitsgeschichte wird (ausgeschmückt) im Blick auf die Trauernden etwa folgende Geschichte erzählt:

Ein junger Mann kommt zu einem älteren, erfahrenen Menschen, der gerade einen lieben Angehörigen verloren hat. Er fragt ihn: „Wie kommst du mit deiner Trauer zurecht?“ Die Antwort des Älteren: „Siehst du da den beuligen Korb mit schmutzigen Steinen? Nimm ihn und geh zum Brunnen, um Wasser zu schöpfen.“ Der junge Mann tut dies, kommt aber sehr bald zurück und fragt erneut: „Warum soll ich das tun, es ist sinnlos mit einem Korb voller schmutziger Steine Wasser aus einem Brunnen zu schöpfen?“ „Tu es, es wird deine Muskeln stärken und der Gang wird immer leichter“, bekommt er zur Antwort. Er tut es, kommt aber wieder nach einiger Zeit zurück und fragt: „Warum diese sinnlose Arbeit?“ „Schau in den Korb, was ist mit den Steinen geschehen? Sind sie nicht vom Schmutz, dem schlierigen und schlammigen, befreit, je häufiger du diesen Gang an den Brunnen verrichtet hast?“ „Stimmt, es sind die Tränen, die abspülen, was im Moment des Todes so schmutzig ist und zudem wird es immer leichter, weil ich meine Kraft wieder spüre“, sagt der junge Mann. „So ist es mit der Trauer: Sie ist Schwerstarbeit und erscheint sinnlos, aber sie führt uns immer wieder zu Quellen und stärkt unsere Kräfte. Nur indem wir uns der Trauer stellen, ihre Schwere wahrnehmen, merken wir auch, dass die Wege im Laufe der Zeit leichter werden. Wir erkennen, dass wir wieder Kräfte haben, die Dinge selbst und alleine zu tun, die vorher der/die andere getan hat. Das Belastende bleibt, die Trauer und der Schmerz gehören zum Leben, aber sie sind nicht mehr so schwierig wie vorher, wenn wir Kraftquellen gefunden haben. Und: schau den Korb an, war er nicht vorher beulig und hatte Dellen?“ „Ja“, so der junge Mann, „jetzt ist er rund, wie das Leben nach einiger Zeit wieder (etwas) runder wird, weil man lernt, alleine – ohne den Verstorbenen – zu leben.“

„Und Wasser brauchen wir für die Blumen, die zum Grab getragen werden, damit das Leben wieder aufblüht“, so der erfahrene Mann, „der Tod ist zwar etwas Endgültiges und trennt uns voneinander, aber als Christen glauben wir, dass ein neues, ewiges Leben geschenkt wird. Warum sollte dann nicht etwas in unserer Welt ‚aufblühen‘? So ist der Weg zum Grab, das Gießen der Gräber, damit die Pflanzen blühen können, ein Bild dafür, dass Neues im Ewigen Leben des Verstorbenen aufblüht und wir, die zurückbleiben, selbst auch aufblühen dürfen.“ So gesprochen, begann der junge Mann weiter den steinigen Korb zum Brunnen zu tragen, weil er merkte, dass im konkreten Tun die Wege immer leichter werden.

Die Geschichte leitet sehr gut zur Symbolhandlung bei den Fürbitten über. Sie wird weiter unten genauer erklärt.

2.5.2 (Lk 23,13–19.22.24–25.27–33) Emmausgeschichte

Eine andere Erzählung hat sich bei unseren Feiern sehr bewährt: Mehr im Blick auf die Menschen im Umfeld von Trauernden wird die „Trauer als Weg“ beschrieben und orientiert sich am vier Phasenmodell von *Verena Kast*. Als biblischer Text bietet sich die Emmausgeschichte mit ihrem Weggedanken in Auswahl an (Lk 23,13–19.22.24–25.27–33).

Die Ansprache hat ihren Schwerpunkt einerseits in Hinblick auf die Menschen im Umfeld, da oftmals auch Bekannte und Nahestehende die Trauernden in die Gottesdienste begleiten, anderseits ist die Wochentagsgemeinde anwesend, die vielleicht nicht unmittelbar und persönlich betroffen ist. Um Verständnis zu wecken, sind die Trauerphasen von Verena Kast hilfreich, weil hier – auch für die Trauernden – deutlich wird, dass ihre Reaktionen nicht ungewöhnlich sind.

Auf dem Weg sein – Trauerphasen:

(1) *nicht wahrhaben wollen*: Der Schmerz ist groß; es kommt zu eigenartigen Abspaltungen; die Schocksituation verhindert die Wahrnehmung der Realität.

(2) *aufbrechende Gefühle*: chaotische Emotionen brechen auf – Schmerz – Wut auf die Umgebung, auf den Verstorbenen, Schuldgefühle (nicht alles getan zu haben; auf den/die Verstorbene/n wütend gewesen zu sein) – Angst vor der Zukunft

(3) *Phase des Suchens und sich Findens*: gleichzeitig des Trennens von dem, was an Schwerem gewesen ist. Diese Phase bringt Ansätze eines eigenen Lebens mit dem Verstorbenen, der ins eigene Leben als verstorben hereingeholt wird.

(4) *Neuer Selbst- und Weltbezug*: Im Beziehungsfeld kommt es zu ambivalenten Gefühlen: einerseits der Wunsch emotionaler zu sein, anderseits die Angst vor neuem Verlust bei Bindung und schließlich ein schlechtes Gewissen dem/der Verstorbenen gegenüber, untreu zu sein.

Wichtig ist auch, hier herauszustellen, dass diese Erfahrungen so alt sind, wie die Menschheit und sich auch in der Emmausgeschichte wiederfinden; zum anderen geht es wesentlich darum, darüber hinaus die Bedeutung des christlichen Glaubens (Hl. Schrift, Feier der Eucharistie, Begegnung mit Jesus Christus) als wichtige Hilfen zur Bewältigung der Trauer deutlich zu machen.

2.5.3 Weitere mögliche Evangelientexte

- Joh 14,1–6 (Im Haus meines Vaters gibt es viele Wohnungen)
- Joh 11,32–45 (Tod des Lazarus)
- Joh 20,1–2.11–18 (Begegnung Maria und Jesus am Grab).

Hierzu passt sehr gut das Bild von Sieger Köder: Maria von Magdala am Grab

2.6 Symbolhandlung statt gesprochener Fürbitten

Vorbereitet sind verschieden farbige Rosen, die in einen beuligen runden (afrikanischen) Korb (mit Mosi in einer Schale) gesteckt werden. Die Einleitung lädt zu einem „Bittgang“ ein. Gleichzeitig liegen an den Bankrändern „Mementoblätter“,[11] auf die der oder die Namen der Verstorbenen geschrieben werden, derer gedacht wird. Beim Bittgang, der mit der Orgel begleitet wird, werden die Zettel in ein vorbereitetes Ringbuch eingeheftet. So entsteht ein „Buch des Lebens“[12], das beim Hochgebet nochmals wichtig wird und am Schluss des Gottesdienstes noch zum Korb gestellt wird; dort bleibt es, solange der Korb in der Kirche steht. Die Fürbitten schließen mit einem angemessenen Liedruf oder Kyrieruf. Sehr bewährt hat sich das Lied GL 661 (Den Menschen, die aus dieser Zeit).

2.7 Gabenbereitung und Namensnennung im Hochgebet[13]

- Zur Gabenbereitung ist den Trauernden sehr wichtig, dass der Korb möglichst dicht am eucharistischen Geschehen steht. Es ist deshalb sehr eindrucksvoll, wenn der Zelebrant selbst den Korb als Blumenschmuck neben (oder auf) den Altar stellt.
- Im Tagesgebet wird dann auch Bezug auf die Rosen genommen, sinngemäß etwa: „Mit den Gaben von Brot und Wein bringen wir dir auch die Menschen, für die eine Rose aufgesteckt wurde. Verwandle sie in neues Leben, wie du Wein und Brot in das neue Leben deines Sohnes verwandelst.“

---

11 Der Text lautet: „Erbarme dich des verstorbenen Bruders/ der verstorbenen Schwester…,die du aus dieser Welt berufen hast. Durch die Taufe gehören sie Christus an, ihm sind sie gleich geworden im Tod, gib ihnen auch Anteil an der Auferstehung, wenn Christus die Toten auferweckt und unseren irdischen Leib seinem verklärten Leib ähnlich macht.“ (Aus dem Hochgebet III der Messe, damit anschließend auch der entsprechende Text für das Requiem gebetet werden kann)

12 Variation für den nichteucharistischen Gottesdienst: nach dem Bittgang erfolgt das namentliche Gedenken.

13 Sollte der Gottesdienst als Wort Gottes Feier oder als ökumenisches Totengedenken gestaltet werden, so kann das Namensgedenken sich jetzt anschließen mit den einleitenden Worten:“Lassen Sie uns nun der Verstorbenen namentlich gedenken, die ins Buch des Lebens bei Gott eingeschrieben sind.“ Die Namen werden blockweise genannt und mit dem angegebenen Lied GL 185 unterbrochen. Danach schließen sich das Vaterunser, Vermeldungen, Schlussgebet mit Segen oder Segensbitte und die Symbolhandlung zum Abschluss an.

- Das III. Hochgebet selbst wird nur in folgenden Teilen laut gebetet und durch einen Liedruf, GL 183, unterbrochen. Die nicht genannten Teile werden leise vom Zelebranten gebetet. So werden hier die für diesen Gottesdienst wichtigen Teile herausgehoben.

– *Wandlungsworte „Geheimnis des Glaubens“*

– *Liedruf GL 183, Str. 1 (zum namentliches Totengedenken)*

– *Erbarme dich unserer Schwestern und Brüder, die du aus dieser Welt zu dir gerufen hast:* Hier werden nun die Namen der Verstorbenen (blockweise zusammengefasst) genannt. Dies kann auch im Wechsel mit einem Diakon oder Lektor (vom Ambo aus) geschehen. (Sollte die Zahl der aufgeschriebenen Namen zu groß sein, dann wird vorher darum gebeten, den Namen zu unterstreichen, der unbedingt genannt werden soll. Zwischenzeitlich haben sich die Besucherzahlen teilweise auf 60 und mehr Personen gesteigert, so dass diese Einschränkung notwendig wurde.)

– *Nach jedem Block wird eine Strophe (2–4) von GL 183 gesungen.*

– *Für die Gemeinde wahrnehmbar schließt dieser Teil des Hochgebets mit dem folgenden Text ab:*
Durch die Taufe gehören sie Christus an, ihm sind sie gleichgeworden im Tod, gib ihnen auch Anteil an der Auferstehung, wenn Christus die Toten auferweckt und unseren irdischen Leib seinem verklärten Leib ähnlich macht. (Dann wirst du alle Tränen trocknen. Wir werden dich, unseren Gott, schauen, wie du bist, dir ähnlich sein auf ewig und dein Lob singen ohne Ende.)

- Zum Abschluss: von GL 183, Str. 5.
- Vaterunser
- Friedensgruß (Kirchenfremde fühlen sich sehr angenommen, wenn der Zelebrant dabei auf sie zugeht[14].)

14 Es sollte deshalb ein längeres Orgelvorspiel zum Lamm Gottes gespielt werden, damit genügend Zeit bleibt um in Ruhe diesen Friedensgruß auszutauschen. Empfehlenswert ist auch ein Kommunionlied, z. B. GL 547, besonders die Strophen 4 und 5.

2.8 Vermeldungen, Segen und Symbolhandlung zum Schluss

Der Gottesdienst schließt mit einem „Segen für Trauernde“ ab:

Gesegnet sei deine Trauer.
Dass du nicht erstarrst vor Schmerz,
sondern Abschied nehmen
und dich behutsam lösen kannst,
ohne dich verloren zu geben.

Gesegnet deine Klage,
dass du nicht verstummst vor Entsetzen,
sondern herausschreien kannst,
was über deine Kraft geht
und dir das Herz zerreißt.

Gesegnet deine Wut,
dass die Entmutigung dich nicht überwältige,
sondern die Kraft in dir wachse, für dich zu kämpfen,
trotzdem dein Leben zu wagen.

Gesegnet deine Einsamkeit,
dass du Raum findest, Vergangenes zu ordnen,
ohne schnellen Trost zu suchen und in blinder Flucht
neues Unheil auf dich herabzuziehen.

Gesegnet du, dass du Unsicherheit aushalten
und Ängste bestehen kannst,
bis du wieder festen Grund spürst unter deinen Füßen
und ein neuer Tag dir sein Licht schenkt.[15]
Amen.

So, beschütze und begleite euch der dreieinige Gott, der Vater und der Sohn und der Heilige Geist.[16]

15 Quelle unbekannt.
16 Wird der Gottesdienst durch einen Laien geleitet heißt der Segen: Es segne uns …

Die Vermeldungen geben Hinweise auf die Trauerangebote und den besonderen Hinweis, dass dieser Rosenkorb nun an einem besonderen Platz in der Kirche steht, solange die Rosen blühen. (Wo ein Josefsaltar bzw. eine Josefsstatue vorhanden ist, können der Korb, das Buch und eine Information dazu beim „Patron der Sterbenden“ aufgestellt werden.) Dies sollte am Gottesdienstende gut sichtbar für die Gemeinde durch Zelebrant und Ministranten geschehen. Möglich ist dies auch z. B. vor einer Darstellung der Schmerzenzreichen Madonna. Es sollte gesagt werden, warum dieser Ort gewählt wurde, also der Bezug zum Thema „Sterben und Tod“ hergestellt werden.

2.9 Schlussbemerkung

Nach nunmehr über vierjähriger Erfahrung zeigt sich, dass diese Gottesdienste nicht nur ein niederschwelliges Angebot für Trauernde sind, die sich in einer akuten Trauersituation nach dem Tod eines Angehörige befinden, sondern auch Menschen ansprechen, die länger um einen Angehörigen trauern. Gerade sie bekommen mit diesen Gottesdiensten nochmals ein gesellschaftlich anerkanntes Recht zur öffentlichen Trauer. Sie dürfen beim Bittgang weinen, ohne seltsam angeschaut zu werden. Wir erreichen damit eine Gruppe von Menschen, die eventuell ein weiteres Trauerangebot (Gesprächskreis oder Wochenende) besuchen. Außerdem wird so ein gesellschaftliches Tabuthema in angemessener Form öffentlich gemacht. Es gehört zu den Werken der Barmherzigkeit „Trauernde zu trösten“.

3. Modell eines Gottesdienstes[17]

Eingang

– GL 622,1.3.5

17 Dieser Gottesdienst wurde bereits mehrfach gefeiert. Die Liedauswahl richtet sich immer nach dem Kirchenjahr und muss die örtlichen Gegebenheiten berücksichtigen.

Eröffnung und Begrüßung

Mit dem Hinweis, dass nicht immer alles im Leben gelingt, auch die Versöhnung mit den Menschen, die uns verlassen haben. Halten wir es Gott hin, der uns tröstet und befreit:

Kyrie

– GL 621,3

Tagesgebet

Erste Lesung

2 Kor 4,14-5,1

Antwortpsalm

Ps 130 (129), 1-2.3-4.5-6b.6c-7a u. 8 mit Kehrvers GL 191 „Beim Herrn ist die Huld“

Evangelium

Joh 11,32-45 (Lazarus)

Predigt

- Eigene Gefühle nicht verdrängen (auch für Umfeld)
- Den Trauernden nicht ausweichen (darauf zugehen)
- Nicht ausweichen dem, was uns unangenehm ist.
- Seit Jesu Tod und Auferweckung ist die Macht des Todes gebrochen.

Fürbitten

Die GD-Teilnehmer werden eingeladen, für einen Verstorbenen eine Blume in eine Schale zu stecken (Symbolhandlung); Orgelmusik begleitet. Abschluss: GL 661,1

Gabenbereitung[18]

(Korb wird auf den Altar gestellt)

– GL 661,2

18 In einer Wort Gottes Feier entfällt die Gabenbereitung. Die Namensnennung müsste nochmals eingeleitet werden. Dies könnte durch das Beten des Glaubensbekenntnis (evangelische Tradition bei Beerdigungen) geschehen. Das

Gabengebet

Präfation

Verstorbene 1: „Die Hoffnung der Gläubigen"

Hochgebet III

Nach der Wandlung leise beten bis zum Abschnitt „Erhöre, Herr, die Gebete der hier versammelten Gemeinde"
Gesang: GL 183, 1
Dazwischen werden immer wieder Namen vorgelesen und mit Orgelmusik oder mit den Strophen 2–5 unterbrochen.

Sanktus

nach Wahl

Agnus dei

nach Wahl

Kommunion

Danklied

– GL 295,1-3

Schlussgebet

Schlusssegen

Segen der Trauernden

Symbolhandlung

Korb wird zum Josefsaltar gebracht, Buch wird aufgestellt, Kopien der Geschichte liegen aus.

Lied unterbricht die Vielzahl an Namen. Zum Abschluss wird das Vaterunser gebetet. Daran schließt sich sofort der Segen der Trauernden und der Schlusssegen an. – Wird ein anderes Gabenbereitungslied gewählt, dann empfiehlt sich nach Abschluss von GL 661 ein kurzes Gebet, danach erst das Gabenbereitungslied. Es kann sich auch ohne Gebet Orgelmusik oder Stille anschließen.

Martina Görke-Sauer

Freie Rituale: Abschied – Bestattung – Totengedenken

Zwischen Tradition und Innovation, Individualität und Beliebigkeit

1. Gesellschaftliche Tendenzen

In einer Gesellschaft, in der permanent alles im Wandel begriffen ist, verändern sich mit den Lebensgewohnheiten auch die familiären Bräuche und Strukturen und mit diesen die spirituellen Bedürfnisse und Äußerungen. Grundsätzlich ist eine Tendenz zur Individualisierung und Privatisierung der gesamten Lebensbezüge zu beobachten: Wo früher ein Ehejubiläum mit einem Gottesdienst und einer Feier mit allen Verwandten und Freunden begangen wurde, wird heute häufig sowohl auf den Gottesdienst als auch auf den großen Rahmen der Feier verzichtet. Der Bezug zu Religion und Glaube wird in den Generationen ab Jahrgang 1955 nicht mehr selbstverständlich genommen und verstärkt als nicht mehr zeitgemäß empfunden. Das zugleich vorhandene Bedürfnis nach Ritualen für die wichtigen Stationen und Wendepunkte des Lebens drückt sich in eher privaten Symbolhandlungen aus: die Eheleute beginnen den Tag stimmungsvoll mit einem Glas Sekt und einer roten Rose und gehen abends mit ausgesuchten Freunden exquisit essen. Ähnliches gilt für nahezu alle Lebensfeste, die sich früher in der Gemeinschaft und somit auch in gewisser Weise öffentlich vollzogen haben.

Für den Abschied vom Leben und die Bestattungsfeierlichkeiten bedeutet dies zunehmend eine Abkehr von der Tradition der kirchlichen Bestattung. Die Gründe hierfür sind vielfältig:

- Regionale Gepflogenheiten (Bayern: fast ausschließlich kirchliche Bestattungen; neue Bundesländer: nahezu ausschließlich weltliche Bestattungen).
- Keine oder nicht mehr vorhandene kirchliche Bindung (Traditionsabbruch; steuerlich begründete Austritte, etc.).

- Enttäuschung über das kirchliche Angebot oder das Auftreten der Kirche in der Öffentlichkeit.
- In Sympathie oder Antipathie begründetes Verhältnis oder Nicht-Verhältnis zu einzelnen Amtsträgern.
- Mangelnde Erreichbarkeit des Pfarrers.
- Die Erwartungshaltung der Angehörigen, dass der Pfarrer sich umgehend um sie zu kümmern hat, wenn sie ihn schon einmal brauchen.
- Und nicht zuletzt: Individuelle Bedürfnisse, die in den kirchlichen Ritualen nicht vorkommen oder nicht „bedient“ werden (können).

Hierzu zählt besonders die Problematik des fehlenden Raumes für die Biographie und Persönlichkeit des Verstorbenen in der kirchlichen Liturgie oder anders ausgedrückt: der „liturgische Spagat“ zwischen Biographie und Verkündigung, den die allgemeine Tendenz zu Individualisierung anscheinend erforderlich macht.

2. Das Angebot der kirchlichen Rituale

Die Biographie des Verstorbenen drückt seine Einzigartigkeit aus und seinen Wert für die Angehörigen und die Gesellschaft. Für Trauernde ist die Würdigung dieser nicht wiederholbaren oder vergleichbaren Biographie ein bedeutendes Element des Abschieds und des Prozesses von Loslassen und Trauer. Wird diesem nicht genügend Raum gegeben und dem Verlust dieses besonderen Menschen zu schnell mit jenseitigem Trost begegnet, so greifen sowohl die biographischen Bezüge als auch die eschatologischen Verheißungen und Tröstungen der christlichen Verkündigung zu kurz. Als Konsequenz wird auch das Ritual als solches in seiner Aussage und Wirkung verkürzt, was nicht im Sinne der christlichen Botschaft sein kann. Denn diese soll im gemeindlichen Vollzug der kirchlichen Rituale tradiert, bezeugt und erfahrbar gemacht werden. Angesichts von Sterben und Tod soll die Botschaft von Tod und Auferstehung Christi einen Horizont der Hoffnung und des Trostes eröffnen und die leeren Hände und Herzen füllen.

Das folgende Lied von *Huub Osterhuis* beschreibt anschaulich die schon als existenziell zu bezeichnenden Fragen angesichts von

Sterben und Tod – und im übertragenen Sinne zugleich das Grundbedürfnis trauernder Menschen: gerade nicht mit leeren Händen dazustehen, wenn sie einen lieben, wertvollen Menschen loslassen müssen:

„Ich steh vor dir mit leeren Händen, Herr;
fremd wie dein Name sind mir deine Wege.
Seit Menschen leben, rufen sie nach Gott;
mein Los ist Tod, hast du nicht andern Segen?
Bist du der Gott, der Zukunft mir verheißt?
Ich möchte glauben, komm du mir entgegen.

Von Zweifeln ist mein Leben übermannt,
mein Unvermögen hält mich ganz gefangen.
Hast du mit Namen mich in deine Hand,
in dein Erbarmen fest mich eingeschrieben?
Nimmst du mich auf in dein gelobtes Land?
Werd ich dich noch mit neuen Augen sehen?

Sprich du das Wort, das tröstet und befreit
und das mich führt in deinen großen Frieden.
Schließ auf das Land, das keine Grenzen kennt,
und lass mich unter deinen Kindern leben.
Sei du mein täglich Brot, so wahr du lebst.
Du bist mein Atem, wenn ich zu dir bete.“[1]

Es liegt eine gewisse Brisanz in den Fragen dieses Liedes, das seinerseits keine Antworten gibt, sondern den fragenden und bittenden Charakter aushält und Disharmonien zulässt:

- Die (bleibende) Fremdheit Gottes und die Befremdlichkeit seiner Wege.
- Der „Segenscharakter“ des Todes als Übergang in das „Land, das keine (irdischen) Grenzen kennt“.
- Kann dieser Gott wirklich eine Zukunft eröffnen?

1 Lothar Zenetti 1974 nach: Huub Oosterhuis, „Ik sta voor u“ 1969; GL 621, EG 382, Christopherus Verlag, Freiburg.

- Werden auch die Zweifler, die Unvermögenden und die Bedürftigen daran teilhaben mit ihrer Sehnsucht nach Trost, Freiheit von den Zwängen und Unzulänglichkeiten des Lebens und Frieden?
- Und endlich: nur wenn Gott lebt und für mich erfahrbar wird, kann ich seinen besonderen Segen, das „Sterben, um zu leben“, annehmen –

und damit auch den Tod naher Angehöriger und Freunde, denn Gott überbrückt die Kluft zwischen Leben und Tod und verheißt Hoffnung und Leben.

Das Zeugnis vom lebendigen Gott ist originäre Aufgabe der christlichen Verkündigung. Mit ihrem Fundus an Ritualen, sinnlichen Eindrücken und Möglichkeiten der Mitwirkung durch Gebete und Gesänge sollte es möglich sein, eine lebendige Geschichte Gottes mit den Menschen zu erzählen. Doch gerade diesen Bezug zu den Menschen, konkret zur Persönlichkeit des Verstorbenen, vermissen trauernde Angehörige häufig in den kirchlichen Ritualen. Zwar wird die Geschichte Gottes mit einem besonderen Menschen erzählt und bezeugt. Doch in der Geschichte Jesu kommt der einzelne Verstorbene als Person nicht vor.

Darüber hinaus hat Trauer keinen Gleichnischarakter, sondern Widerfahrnischarakter, was eine Übersetzung der in der Auferstehung Christi begründeten Heilsbotschaft in die Situation der Angehörigen erschwert und in besonders tragischen Sterbefällen vielleicht sogar unmöglich macht. Der Hinweis darauf, dass „Gottes Wege unergründlich sind“, bietet keinen Trost, sonder verrät vielmehr leider allzu häufig die Rat- und Sprachlosigkeit mancher, die Gottes Lob angesichts von Tod und Trauer verkündigen sollen.

3. Das Angebot freier Rituale

Besteht bei den kirchlichen Bestattungsriten die inhaltliche und gestalterische Herausforderung darin, Biographie und Verkündigung, den Einzelnen und die Gemeinde miteinander so in Beziehung zu setzen, dass beide die *Geschichte Gottes mit den Menschen* weitererzählen, so stellt sich für die freien Rituale die Aufgabe, ausschließlich die *Geschichte eines besonderen Menschen mit den Menschen* zu erzählen.

Allgemein folgen freie Rituale hierin dem individualisierenden Trend der Zeit:

- Die Person des Verstorbenen steht im Vordergrund.
- Die Wünsche und Bedürfnisse der Angehörigen werden in hohem Maße berücksichtigt.
- Das Zusammenwirken von Werden und Vergehen wird in Symbolhandlungen ausgedrückt.
- Dem, was fehlen wird, und dem, was bleibt, wird Raum gegeben.
- Angehörige werden an der Gestaltung der Trauerfeier beteiligt.
- Auch ungewöhnlichen Anliegen wird Raum geben, wie etwa dem Wunsch nach bunter Kleidung, besonderer Musik, einer Feier am offenen Sarg, etc.

3.1. Aufbau eines freien Rituals

Ähnlich der Liturgie eines kirchlichen Bestattungsrituals beinhaltet der Ablauf freier Rituale im Allgemeinen folgende Elemente:

Feier

(1) Musik
(2) Rezitation und Begrüßung
(3) (Musik)
(4) biographische Ansprache
(5) Musik
(6) Stille/ Gedenken/ Nachrufe
(7) (Aktionen/ Symbolhandlungen)
(8) Abschlusswunsch/ Rezitation/ Geleitwort
(9) Musik (ggf. Auszug zum Grab)

Am Grab

(1) Rezitation
(2) Bestattungsakt
(3) Erdwurf

(4) Stille (in Einzelfällen: Vaterunser)
(5) Abschlusswunsch/ Rezitation/ Aktion (Luftballons steigen lassen, etc.)
(6) Kondolenz

Die Parallelen/ Unterschiede zum kirchlichen Bestattungsritual treten hierbei deutlich hervor:

- An die Stelle der Gebete und Psalmen treten Rezitationen weltlicher oder weisheitlicher Texte.
- Die Gemeindelieder weichen der Lieblingsmusik des Verstorbenen oder der Angehörigen.
- Ein Lebensbild des Verstorbenen tritt an den Platz der Predigt.
- Dem Glauben an ein Jenseits wird die Erinnerung an das Diesseits gegenüber gestellt.
- Und auch in den abschließenden Wünschen des Trostes und der Ermutigung tritt der Gottesbezug gänzlich zurück.

In einigen Fällen wird am Grab dann doch noch hin und wieder ein Vaterunser gesprochen, nicht zuletzt, um auch den gläubigen Mitgliedern einer Trauergesellschaft gerecht zu werden und insgeheim vielleicht auch, um allen Eventualitäten Rechnung zu tragen. Formal weist das weltliche Modell gewisse Ähnlichkeiten mit dem klassischen Rede-Aufbau der griechischen Antike[2] auf, der mit

Klassischer Aufbau	**Weltliche Trauerrede**
• Begrüßung	Anrede des Verstorbenen und der Angehörigen
• Einleitung	Ursache des Todes und Klage der Hinterbliebenen
• Hauptteil	Aus dem Leben des Verstorbenen
• Auswertung	Vermächtnis des Verstorbenen
• Ausblick	Abschluss/ Aufruf zu Abschied und Erinnerung

das Vorbild eines rednerischen Spannungsbogens darstellt.

2 Vgl. zu den klassischen Redetypen: R. Brehler, Der moderne Redetrainer, Niedernhausen/Ts. 2000, S. 19f und 37ff.

3.2. Beispiele freier Rituale

Für die freien Rituale bedeutet dies, aus einem rednerischen Spannungsbogen zugleich einen „Ritual- oder Symbolbogen“ zu machen, in dem sich die Angehörigen nahezu schützend umfangen erleben und in ihrer Trauer auf besondere Weise geborgen fühlen können.

Wird dieser Ritualbogen zugleich ein Bogen vom Leben des Verstorbenen über dessen Tod und den Abschied wieder zurück in das Leben der Angehörigen, dann gelingt es auch in freien Ritualen, der Klage, Trauer und Verzweiflung ebenso Ausdruck zu verleihen wie der Zuversicht und Hoffnung für ein Leben ohne den Verstorbenen.

Es ist dies ein Bogen, der im Gegensatz zur Diesseits-Jenseits-Ausrichtung der religiösen Rituale, ganz im Diesseits verankert ist. Der Kontext oder „Sitz im Leben“ des freien Rituals ist das Leben im hier und jetzt:

- Bei der Trauerfeier einer älteren Dame, die bis zu ihrem Tode sehr rüstig war, gerne reiste, tanzte und das Leben stilvoll genoss, erschienen alle Trauergäste in heller, festlicher Kleidung; die Feier wurde umrahmt von den Klängen schwungvoller Wiener Walzer und Freunde erzählten voller Wärme und Herzlichkeit von gemeinsamen Erlebnissen und Reisen. Zum Abschluss der Feier erhielt jeder Gast eine Rose – als wörtlich *sinnliche* Erinnerung an ein erfülltes Leben.
  Bei der Urnenbeisetzung im kleinen Kreis wurde Champagner getrunken, da die ältere Dame gerne nach Baden-Baden ins Casino gefahren war und sich dort bei „einem Gläschen Sekt“ regelmäßig mit ihrer Familie getroffen hatte.
  Auch hier schloss sich ein Kreis vom Leben der Verstorbenen über das Erzählen des gemeinsam Erlebten hin zur bleibenden Erinnerung – und der bis heute fortgeführten Tradition des gemeinsamen Treffens in Baden-Baden.
- Eine Trauerfeier ohne Worte war eine ungewöhnliche und intensive Erfahrung für alle, die mit Ansprache und Liedern gerechnet hatten. Da zu viele Angehörige gerne ein paar Worte gesprochen hätten, wurde gemeinsam die Idee einer Feier ohne Worte entwickelt: jeder, der mochte, sollte ein oder zwei

Dias mitbringen, die ihn in besonderer Weise an den Verstorbenen erinnerten. Die Idee fand hohen Zuspruch, so dass es gelang, ein Leben von 67 Jahren in Bildern zu erzählen – begleitet von ruhiger, klassischer Musik.
Durch die Idee der Dias waren die meisten Trauergäste aktiv in den Abschied eingebunden mit ihren Erinnerungen, ihrer Jugend und dem Alter, mit einem Lachen oder intensiver Trauer.

- Eine Musikerin, die mit 49 Jahren an Krebs verstarb, hatte gemeinsam mit ihrem Ehemann alle Einzelheiten der Beerdigung geplant. Gemeinsam war eine Grabstätte ausgesucht worden, die Beschriftung des Grabsteins festgelegt und Inhalt und Ablauf der Trauerfeier besprochen worden. Die Trauergäste saßen im Kreis um den Sarg herum, neben dem Sarg saß der Ehemann und neben ihm symbolisch für die Verstorbene ein leerer Stuhl mit einer Rose. Eine Pianistin spielte Chopin, eingeflochten in die Ansprache wurden Gedichte vorgelesen, welche die Verstorbene in der Zeit ihrer Krankheit geschrieben hatte. Es gab eine längere Zeit der Stille und zum Abschluss wurden die Trauergäste, von Musik begleitet, aus der Feierhalle geführt.
  Die ungewöhnliche Sitzordnung war Sinnbild der Verlorenheit und Einsamkeit des Ehemannes; der Kreis zugleich ein Symbol des Schutzes und der Geborgenheit. Durch die Gedichte kam die Verstorbene selbst „noch einmal zu Wort“ und die Musik öffnete die Situation des Abschieds wieder zum Leben hin.

An diesen Beispielen wird der individuelle Charakter der freien Rituale deutlich, die in den genannten Beispielen gänzlich ohne religiösen Bezug gestaltet wurden.

Allerdings ist auch bei freien Ritualen zunehmend ein Bedürfnis nach einem „darüber hinaus“ festzustellen, was in der häufigen Einbindung esoterischer, religiöser und mystischer Elemente seinen Ausdruck findet. Dies gilt verstärkt für besonders tragische Sterbefälle: Tod eines Kindes, Unfalltod oder Selbstmord. Hier scheint der menschlich-weltliche Trost nicht auszureichen. Hier bedarf es einer übergeordneten Macht, die für die „andere Welt“ zuständig ist, in die der Verstorbene hinüber gegangen ist.

Eine Macht, die alles Abgebrochene weiterführt, die das Abgerissene wieder verbindet, die Sinn gibt in einer unsinnigen und unerträglichen Situation. Unabhängig davon, wie diese Macht bezeichnet wird – sei es Gott oder Mutter Erde, Natur oder Energie, Licht oder Ursprung – diese Macht ist deutlich positiv besetzt als ein Ort oder Zustand, an und in dem der Verstorbene gut aufgehoben ist. So wird beispielsweise der Himmel nahezu zu einer Adresse, wo der Verstorbene jetzt wohnt (also auch lebt) und auf die nachfolgenden Familienmitglieder wartet. Oder der Verstorbene geht ganz über in die Macht, indem er nun zu einer Äußerung dieser Macht wird: als Schutzengel für die Lebenden.

4. Kirchliche und freie Rituale: Konkurrenz oder sinnvolle Ergänzung?

Offensichtlich wird also in der Situation von Tod, Abschied und Trauer die Sehnsucht nach dem verstorbenen Familienmitglied oder Partner auf ein wie auch immer geartetes „Danach" projiziert. Unabhängig von der religiösen (Nicht)Zugehörigkeit, möchten Menschen mit ihren verstorbenen Angehörigen verbunden bleiben und brauchen dazu eine Art Adresse, eine Hoffnung, einen Ort für ihre Sehnsucht.

Die Spielarten dieser Sehnsucht sind vielfältig und bewegen sich im breiten Spektrum von naivem Kinderglauben bis hin zu ausgefeilten Theorien zur Seelenwanderung oder der Umwandlung von Leib und Seele zu Energie und Licht.

Auch der christliche Glaube scheint angesichts dieser Vielschichtigkeit nur ein Modell zu sein, das von den Betroffenen selber gewählt werden will:

- Menschen, die in der christlichen Tradition der beiden Konfessionen groß geworden sind und sich in diesem Glauben heimisch fühlen, werden auch in der Situation von Tod und Abschied im Glauben Trost und Zuversicht suchen.
- Jene, die aus unterschiedlichen Gründen wohl von der *Kirche*, nicht jedoch vom *Glauben* Abstand genommen haben, werden freie Theologen finden, die mit ihnen eine individuelle Liturgie für ihren Abschied entwickeln, in der die Geschichte Got-

tes mit der Geschichte des Verstorbenen und seiner Angehörigen verbunden wird.

- Menschen, die keine christlichen Wurzeln haben, werden sich ihre Rituale suchen oder sie selbst entwickeln – entsprechend ihrer eigenen Spiritualität oder Religiosität, die sich in buddhistischen Elementen, archaischen Riten oder auch indianischen Totentänzen ausdrücken kann.
- Und auch jene, die ganz im Diesseits verhaftet sind und für die der Tod das Ende allen Lebens bedeutet und nur noch den organischen Prozess der Verwesung durchläuft, werden ihre ganz weltlich ausgerichteten Abschiedsrituale ohne den Bezug zu einer höheren Macht finden.

Freie und kirchliche Rituale haben demnach beide jeweils ihre Anhänger und sollten eher als Ergänzung oder unterschiedliche Blickwinkel und nicht als konkurrierende Modelle verstanden werden. Denn es sind die Betroffenen selber, die sich ihre Rituale für den Abschied, durchaus kritisch, aussuchen. Der Bedarf nach Ritualen schafft den Raum hierfür, nicht die Anbieter solcher freien Rituale. Sowohl für die kirchlichen als auch die freien Rituale gilt hierbei allerdings erhöhte Sorgfaltspflicht und Verantwortung für Inhalt und Aussage ihrer Rituale und Symbolhandlungen. Wo für die kirchlichen Rituale die Gefahr routinierter Liturgie, verstaubter Traditionen oder „eschatologischer Überfrachtung“ besteht, ist für die freien Formen die Gefahr der Beliebigkeit, der Inszenierung oder des Aktionismus gegeben und damit zum Teil der Inhaltslosigkeit. Wenn es jedoch gelingt, das Besondere des jeweiligen Modells glaubwürdig herauszustellen und nicht den Verlockungen eines „individuellen Abschieds um jeden Preis“ nachzugeben, dann werden Abschieds- und Bestattungsrituale zu dem, was sie zu allererst sein sollten: Trauer-Hilfe und „Geländer“ für den Weg des Abschieds. Nur ein Ritual, das gewissenhaft und behutsam sowohl mit seinen Inhalten, Aussagen und Verheißungen als auch den Adressaten dieser Inhalte umgeht, bietet sinnvolle Hilfe und dann auch Trost.

5. Ausblick

Sterben, Tod und Abschied sind elementare Erlebnisse und Herausforderungen dieses Lebens. Erlebnisse, denen Menschen nur ungenügend vorbereitet gegenüberstehen; Krisen, in denen Sterbende und Trauernde Hilfe und Unterstützung brauchen. Wie hier Begleitung oder Seelsorge aussehen können, ist so vielfältig wie das Leben selbst. Ob kirchliche Rituale oder ein freies Angebot gewählt werden, liegt in der Entscheidung der Betroffenen. Wichtig ist, dass alle Angebote klar erkennbar sind und bleiben, denn diese Erkennbarkeit bietet Sicherheit in einer Situation des Schocks, der Unsicherheit und Hilflosigkeit.

Zusammenfassend ist festzuhalten[3]:

(1) Mit einem gesellschaftlichen Anteil von ca. 40% nimmt die Gruppe der sog. „Kirchenfernen“[4] bzw. „Konfessionslosen“ einen großen Platz ein, der es erforderlich macht, über freie Angebote nachzudenken.

(2) Das Angebot freier Rituale reagiert hierbei auf einen offensichtlichen Bedarf an lebensbegleitenden Ritualen und/oder einen „Mangel“ (z.B. Verkündigung contra Biografie) bei traditionellen, kirchlichen Angeboten.

(3) Freie Angebote tragen der Individualisierung der Gesellschaft Rechnung und „bedienen“ Bedürfnis, Nachfrage und Vorstellung des Einzelnen.

(4) Hierin können freie Rituale flexibler auf individuelle Gestaltungswünsche reagieren, verlieren jedoch zugleich den wieder erkennbaren, Ordnung stiftenden und traditionellen Bezug zur Gemeinschaft/ zu Gott.

(5) Tradition ist hier nicht mehr eine Überlieferung „von Alters her“, sondern die individuelle Lebens- bzw. Familiengeschichte.

(6) Tradition transportiert auch keine Glaubensgeschichte mehr im Sinne einer „Geschichte Gottes mit den Menschen“,

3 Vgl. mein Thesenpapier zur Tagung der Katholischen Akademie in Bayern: Letzter Event oder Zeichen der Hoffnung?, 19./20. November 2004, Regensburg.

4 Bezogen auf die Mitgliedschaft in einer der beiden Amtskirchen. Mitglieder freier Kirchen oder Glaubensgemeinschaften wurden nicht berücksichtigt.

sondern wird zur „Geschichte eines besonderen Menschen“; das jeweilige Ritual bleibt ganz diesseits gerichtet.

(7) Bei aller Diesseitigkeit der freien Rituale ist bei den Abschieds- und Trauerritualen jedoch durchaus eine Tendenz zur „Übersteigung“ des Diesseitigen zu beobachten. Sterben, Tod und Abschied brauchen offensichtlich ein „darüber hinaus“. Hier mischen sich auch in freien Ritualen häufig weltliche und religiöse/esoterische Elemente.

(8) Für die kirchlichen Rituale bedeuten freie Rituale keine Konkurrenz, sondern ein sinnvolles, ergänzendes Angebot – mit der Herausforderung, das kirchliche Angebot besser zu positionieren und zu kommunizieren, um das Wesentliche dieses Angebotes nicht aufzugeben, sondern zu stärken.

Thomas Schnelzer

Worte des ewigen Lebens (Joh 6,68)

Der Glaube an die Auferstehung im Trauergespräch

1. Grundlegung: Der Auferstehungsglaube im Trauerprozess

Über Jahrhunderte hinweg haben die beiden großen christlichen Kirchen im Anschluss an das Zeugnis der Heiligen Schrift nicht nur die Toten auf ihrem letzten Weg begleitet, sondern auch den trauernden Menschen, die zurückgeblieben sind, helfenden Beistand gewährt. Das unterscheidend Christliche dieser Praxis ergab sich dadurch, dass sie getragen war vom Glauben an die Auferstehung Jesu Christi und der Hoffnung, dass alle Menschen an dieser Auferstehung Anteil haben. Die bedrückende Wirklichkeit des Todes gehörte zum Leben, da sie in diesem Glauben eine tröstende und bewältigende Antwort fand. Damit wurde Trauer seit jeher als *ganzheitliches Geschehen* begriffen, insofern man nicht dem Wort, wohl aber der Sache nach davon ausging, dass Trauer sowohl eine psychologische als auch eine religiöse Dimension aufweist. Diese Einsicht kommt bereits im Johannesevangelium deutlich zum Ausdruck. Als Jesus, nachdem ihn viele Jünger verlassen hatten, den Zwölf die Frage stellt: „Wollt auch ihr weggehen" (Joh 6,67), gibt Simon Petrus zur Antwort: „Herr, zu wem sollen wir gehen. Du hast Worte des ewigen Lebens" (Joh,6,68). „Wohin sollen wir gehen?" – Petrus bringt damit in unerbittlicher Schärfe die existentielle Situation des trauernden Menschen wie des Menschen überhaupt auf den Punkt: Das Leben, das eigene, aber auch das des Nächsten, endet stets in Tod und Trauer; dem Menschen, auf sich allein gestellt, ist jeder Ausweg aus dieser misslichen Lage verschlossen. Die Frage stellen heißt daher, sie beantworten: „Du hast Worte des ewigen Lebens", d.h.: die bewältigende Antwort auf Tod und Trauer kann sich der Mensch selbst niemals geben. Sie bedarf einer Wirklichkeit, die stärker ist als der Tod. Christen glauben, dass mit Jesus Christus diese Wirklichkeit gekommen ist und dass dieser mit vollem Recht sagt: „Ich bin die Auferstehung und das Leben. Wer an mich glaubt, wird leben, auch wenn er stirbt, und jeder, der lebt und an mich glaubt, wird auf ewig nicht sterben" (Joh 11,25). Konkret bedeutet dies: Lange bevor auf geradezu inflationäre Weise von Trauerbewältigung, Trauerbegleitung und „Trauerarbeit" (*S. Freud*) gesprochen wurde – von der vielzitierten gesamtgesellschaftlichen „Verdrängung des Todes" kann heute nicht mehr gesprochen werden[1] – war der gläubige Christ auf der Grundlage lebendiger Glaubenserfahrung davon überzeugt, dass der Trauer durch die Auferstehung Christi der Stachel der letzten Verzweiflung (vgl. 1. Kor 15, 54-56) gezogen worden ist.[2]

Heute besteht allerdings die Notwendigkeit, solche Zusammenhänge als nach wie vor gültig neu bewusst zu machen, d.h.: es gilt zu zeigen, dass sich Trauer auf eine Weise psychologisch vollzieht, dass in der seelischen Erfahrung dessen, der sie durchleben muss, die Hoffnung auf die Auferstehung der Toten als eine Hilfe erfahren werden kann. Ungeachtet dessen, dass der Glaube an die Auferstehung seine trauerbewältigende Kraft unzählige Male existentiell bewahrheitet hat, wird dessen helfendes Potential heute nämlich häufig ignoriert oder sogar kurzerhand bestritten. Dabei hat sich *Jorgos Canacakis*, Leiter der „Akademie für menschliche Begleitung" in Essen, der die gegenwärtige, inzwischen stark kommerzialisierte „Trauerszene" dominiert, besonders hervorgetan. So stellt *Canacakis* in seinem als Handreichung für Trauernde gedachten Buch „Ich begleite dich durch deine Trauer" den Glauben an die Auferstehung in den Kontext von Faktoren, die den Trauerprozess behindern und insofern pathogen wirksam sind. Zwar verklausuliert, aber im Ergebnis eindeutig läuft seine Argumentation darauf hinaus, dass die Hoffnung auf Auferstehung ein gefährliches Tröstungsprogramm bedeute, da sie „einer gesunden, frei fließenden Trauerreaktion"[3] im Wege stehe und sogar in den Suizid treiben kann: „Wenn man die Trauer mit dem

1 Vgl. T. Schnelzer, Verdrängung des Todes? – Sterben und Tod in Deutschland, in: H. Lukesch, H. Peez (Hg.), Erziehung, Bildung und Sozialisation in Deutschland, Regensburg 2001, 437-456.

2 Vgl. T. Schnelzer, „Die Liebe hört niemals auf" (1. Kor 13,8). Religionspsychologische und theologische Aspekte des Trauerprozesses, in: Lebendiges Zeugnis 57 (2002), Heft 3, 202-213; ders., Trauernde trösten, Regensburg 2005, 9ff.

3 J. Canacakis, Ich begleite dich durch deine Trauer, Stuttgart 1990, 41.

Hinweis auf ein besseres Leben nach dem Tode wegversprechen will, braucht man sich über die große Zahl von Depressionen, Selbstmordkandidaten und sonstigen Aussteigern nicht zu wundern. Was sollen sie in dieser schlechten Welt".[4] Hilfreich sei allein die im Alten Testament ausgesprochene Erlaubnis zur Klage, nicht die Hoffnung auf ein ewiges Leben der Verstorbenen bei Gott, denn, so glaubt Canacakis zu wissen, „der Tod ist endgültig und ohne Versprechen auf ein Wiedersehen".[5] In Vorträgen pflegt Canacakis die Erscheinungen des Auferstandenen psychopathologisierend als Halluzinationen abzutun, die allein daraus resultiert hätten, dass die Jünger den Tod Jesu nicht wahrhaben wollten. In einem Zeitungsinterview versteigt er sich zu folgenden etwas inkonsistenten, in der Tendenz aber eindeutigen Aussagen: „Die Kirchen verweisen oft nur auf das Jenseits. Ihnen fehlt die anthropologische Grundlage ... Zuviel Jenseitsvertröstung ist Missbrauch von Trauer. Eine Tarnkappe sozusagen".[6] Wer sein „Heil in der Religion" suche, so Canacakis in demselben Interview, erleide infolgedessen den „Verlust des Glaubens".[7]

Wir haben solchen und ähnlichen Auffassungen bereits mehrfach widersprochen, indem wir in Weiterführung des Phasenmodells der Trauer von *Verena Kast*[8] zeigen konnten, dass der christliche Glaube eine unverzichtbare Hilfe im Trauerprozess bedeutet.[9] Im einzelnen ergab sich Folgendes:

- Da über das Todeszeichen des Kreuzes und die Rede von der Auferstehung der Toten der Gedanke an den Tod generell fest im christlichen Bewusstsein verankert ist, legt sich nahe, dass religiöse Menschen in der Phase des Nicht-wahrhaben-Wollens besser zurecht kommen und sich mit der Realisierung eines Verlustes leichter tun.
- Insofern der Christ den Tod als Folge der Sünde sieht und damit als Unheilsereignis, erweist sich der Glaube als Ermu-

4 Ebd., 41f.
5 Ebd., 42.
6 Mittelbayerische Zeitung vom 31. Oktober/ 1. November 1998.
7 Ebd.
8 V. Kast, Trauern. Phasen und Chancen des psychischen Prozesses, Stuttgart 1999.
9 Vgl. Schnelzer, Die Liebe hört niemals auf, 205-213, Schnelzer, Trauernde trösten, 28-49.

tigung dazu, Klage und Anklage zuzulassen und auszudrücken. Dadurch wird er zur Hilfe in der Phase der aufbrechenden Emotionen.

- Die Phase des Suchens und Sich-Trennens ist geprägt von einer geistigen Suche nach dem Verstorbenen in Gestalt der persönlichen Auseinandersetzung mit ihm. Auf dieser Weise bahnt sich eine neue, bleibende Beziehung zum Verstorbenen an, auch und gerade wenn die – erfolglose – Suche nach dem Toten auf der irdisch-realen Ebene die Ablösung vom Toten auf der weltlichen Ebene forciert. Diese Prozesse sind zugleich gekennzeichnet durch das Aufbrechen religiöser Fragen, und zwar keineswegs nur bei ausgesprochen kirchlich gebundenen Menschen. Diese Fragen beziehen sich auf das Leben der Toten, die Möglichkeit der Weiterführung der Beziehung zu ihnen sowie die Aussicht auf ein Wiedersehen. Es steht außer Zweifel, dass der Glaube an die Auferstehung der Toten auf diese Fragen eine tröstende, anderweitig nicht mögliche Antwort geben kann.
- In der Phase des neuen Selbst- und Weltbezuges hat sich zwar das Beziehungsselbst auf ein individuelles Selbst zurückorganisiert mit dem Ergebnis, dass dem Trauernden eine neue Zuwendung zu Welt und Mitmensch möglich geworden ist. Zugleich hat aber der Verstorbene einen bleibenden Platz im Seelenleben des Trauernden gefunden; er ist, wie *Verena Kast* sagt, zu einer „inneren Figur“[10] geworden. Durch den Glauben an die Auferstehung kann diese innere Figur, die als rein psychologische Wirklichkeit letztlich illusionär wäre, zur Basis und Rechtfertigung einer Weiterführung der Beziehung zu den Toten sowie eines sinnvollen Totengedenkens werden. Dieses kann nun davon ausgehen, dass den Toten reales, wirkliches Leben bei Gott geschenkt ist. Das bedeutet: „Christen erinnern sich an die Toten; nicht damit sie leben, sondern weil sie leben“.[11]

---

10 Kast, Trauern, 73.

11 Die deutschen Bischöfe, Unsere Sorge um die Toten und die Hinterbliebenen. Bestattungskultur und Begleitung von Trauernden aus christlicher Sicht, Bonn, 3. Aufl. 1995, 43.

Daraus ergibt sich zweierlei: Die Psychologie des trauernden Menschen verfügt über wichtige Nahtstellen, die zeigen, dass jene seit jeher in die religiöse Sphäre hineinragt. Insofern sich im Laufe des Trauerprozesses eine neue Beziehung zum Verstorbenen aufbaut, die psychologisch als Ausbildung einer „inneren Figur" beschrieben werden kann, wird deutlich, dass der Glaube an die Auferstehung nicht den Trauerprozess behindert, wie *Canacakis* und dessen Gefolgschaft meinen, sondern vielmehr ein *zentrales theologisches Korrelat* dieses Prozesses darstellt.[12] *Canacakis* Vorwurf, den Kirchen fehle „die anthropologische Grundlage" (vgl. oben), erweist sich als geradezu absurd.

2. Praktische Anwendung: Der Auferstehungsglaube im Trauergespräch

Da also die religiöse Dimension konstitutiv zum Trauerprozess gehört, muss diese in einem Trauergespräch, das diesen Namen verdient, zumal in einem seelsorglichen, zur Sprache kommen, oder besser gesagt: es ist häufig nur eine Frage der Zeit, wann die religiöse Ebene, meist in Gestalt der Frage nach dem Leben der Toten, betreten wird. Daher sollte jeder, der sich auf ein Gespräch mit Trauernden ernsthaft einlassen möchte, auch in der Lage sein, auf deren religiöse Fragen einzugehen, oder zumindest bereit sein, diese ernst zu nehmen[13]. Für den Seelsorger gilt dies deshalb in besonderer Weise, da er über den Vorteil verfügt, dass er einerseits aufgrund seiner Identität als Christ und seines Verkündigungsauftrages als Vertreter der Kirche dazu angehalten ist, den christlichen Glauben als Krisenbewältigung und Sinnstif-

12 Wir verstehen diese Rede bewußt als Anwendung der von Paul Tillich vorgeschlagenen Methode der Korrelation, die zu Recht fordert, dass das „Problem der Wahrheit ... in der Theologie ... nur durch existentielle Kriterien gelöst werden" kann. Sie versteht daher „das religiöse Symbol als angemessene Antwort auf eine Frage ..., die mit der menschlichen Existenz gegeben ist" und in der sich das „letztgültige Anliegen des Menschen" ausspricht; P. Tillich, Korrelationen. Die Antworten der Religion auf die Fragen der Zeit, Stuttgart 1975, 32f. Das Konzept der theologischen Korrelate des Trauerprozesses habe ich der Sache nach an anderer Stelle ausführlicher verfolgt; vgl. Schnelzer, Trauernde trösten, insbesondere 68-104.

13 Vgl. Schnelzer, Trauernde trösten, 60.

tung anzubieten[14], ihm andererseits aufgrund der Rollenerwartungen, die an ihn gerichtet sind, dies dementsprechend auch zugestanden wird: Der Seelsorger „kann sich auf den christlichen Glauben beziehen ... ein Seelsorger kommt als eine Frau, als ein Mann des Gottes Jesu Christi. Dazu bringt er theologische ebenso wie spirituelle Kompetenz mit ... Das sonst übliche Tabu, über religiöse Themen zu sprechen, gilt hier nicht“[15].

Bevor wir darauf eingehen, wie der Glaube an die Auferstehung auf konkrete Weise in das Trauergespräch eingebracht werden kann, möchten wir auf einige methodische Grundsätze für diese Art des seelsorglichen Kontaktes zu sprechen kommen. Diese wurden von dem amerikanischen Psychologen *Carl R. Rogers* (1902-1987) für helfende Gespräche im Allgemeinen formuliert, haben sich jedoch auch und gerade im Umgang mit Trauernden bewährt.[16] Ihre legitime Rezeption in der Seelsorge steht inzwischen außer Frage.[17] Auch im seelsorglichen Trauergespräch haben sie sich als hilfreich erwiesen.[18] Ihr Vorzug besteht nicht zuletzt darin, dass sie sich nicht nur im Rahmen professioneller Trauerberatung anwenden lassen, sondern dass sie von jedem aufgegriffen werden können, der mit Trauernden ein sinnvolles Gespräch führen möchte.[19] Der Grundgedanke besteht darin, dass ein helfendes Gespräch, und damit auch das Gespräch mit einem trauernden Menschen, personzentriert zu führen ist, d.h.: im Mittelpunkt des Gesprächs steht allein der Trauernde mit seinen Gefühlen, Interessen und Überzeugungen. Es geht ganz um den Trauernden und seine Trauer. Im Einzelnen faltet sich diese Einstellung wiederum in drei Grundhaltungen aus, um die sich jeder Mensch, der mit Trauernden ins Gespräch kommt, sei es der Seelsorger, ein Freund oder ein Verwandter, bemühen sollte:

---

14 Vgl. K. Baumgartner, Theologische Aspekte des Seelsorgegesprächs, in: ders. (Hg.), Das Seelsorgegespräch in der Gemeinde, Würzburg 1982, 40-54, 45f.

15 A. Wollbold, Handbuch der Gemeindepastoral, Regensburg 2004, 341.

16 Vgl. R. Jerneizig, - A. Langenmayr, - U. Schubert, Leitfaden zur Trauertherapie und Trauerberatung, 2. Aufl., Göttingen 1994.

17 Vgl. T. Schnelzer, Zur Möglichkeit der Rezeption der Personzentrierten Psychotherapie in der Seelsorge, in: E. Garhammer et al. (Hg.), Provokation Seelsorge. Wegmarkierungen heutiger Pastoraltheologie. FS für K. Baumgartner, Freiburg i. Br. u. a. 2000, 194-204; Wollbold, Gemeindepastoral, 337-340.

18 Vgl. W. Rossow, Klientenzentrierte Gesprächsführung im Trauergespräch, in: Wege zum Menschen 7, 270-280.

19 Vgl. auch zum Folgenden Schnelzer, Trauernde trösten, 59-63.

- Dem Trauernden sollte *unbedingte Wertschätzung* entgegengebracht werden. Es gilt, ihn in seiner Trauer und seinem Schmerz ohne Vorbehalte anzunehmen und zu respektieren. Von daher verbietet es sich, den Trauernden mit Ratschlägen zu lenken, ihm moralisierend zu begegnen oder ihn in irgendeiner Weise emotional in die Pflicht zu nehmen. Maßstab des Helfers ist die Trauer, wie der Betreffende sie erlebt; er versucht, ihm auf seinem emotionalen Weg zu folgen, wohin auch immer er ihn führt. Die Gefühle des Trauernden werden anerkannt und dürfen geäußert werden – dies gilt auch für Weinen und Aggression – ohne dass der Trauernde dafür kritisiert würde.
- Dem Trauernden muss mit *Echtheit* begegnet werden. Der Begleiter sollte nichts äußern, hinter dem er nicht in vollem Maß steht; was er sagt und was er fühlt, darf nicht auseinander klaffen. Das Gegenteil davon ist unechtes, d.h. masken- und fassadenhaftes Verhalten, wie es nicht zuletzt in dogmatisierenden Phrasen und Gemeinplätzen zum Ausdruck kommt. Demgegenüber soll der Begleiter einen ehrlichen Umgang mit der Trauer pflegen. So ist ein betroffenes Verstummen besser als ein bagatellisierender, vorgestanzter Spruch. Echtheit im Trauergespräch ist die unabdingbare Voraussetzung dafür, dass ein vertrauensvolles Verhältnis entsteht und erhalten bleibt, das dem Trauernden ermöglicht, seine Gefühle zu äußern.
- Im Mittelpunkt des personzentrierten Umgangs mit einem Trauernden steht das *einfühlende Verstehen* oder die *Empathie*. Damit ist gemeint, dass der Helfer sich darum bemühen soll, die Welt gleichsam mit den Augen des Trauernden zu sehen, sich hineinzubegeben in seinen Schmerz, seine Ängste und Aggressionen, aber auch in die Ansätze der Hoffnung, über die der Trauernde verfügt. Es gilt, dessen inneres Erleben wahrzunehmen, und das Wahrgenommene dem Trauernden mitzuteilen. Konkret lässt sich diese Art der Einfühlung durch die sogenannte „Spiegelnde Methode" verwirklichen: Der Gesprächspartner greift die Gefühle und Empfindungen des Trauernden auf und gibt sie auf Anteil nehmende Weise mit eigenen Worten wieder. Diese Art, ein Gespräch zu füh-

ren, ist im Alltag ungewohnt. Wir haben verlernt, dem anderen wirklich zuzuhören. Gerade darum bemüht sich jedoch die spiegelnde Art der Gesprächsführung. Sie zwingt denjenigen, der mit einem Trauernden spricht, dazu, von den eigenen Gefühlen und Überzeugungen abzurücken und ganz auf die Erlebniswelt des Trauernden zu achten. Das Gespräch wird so auf die einzig angemessene Ebene gebracht: auf die der Gefühle und gerade nicht die des „rationalen“ Debattierens oder des praktischen Handelns. Dabei geschieht keineswegs nur ein bloßes Nachsprechen des vom Trauernden Gesagten mit anderen Worten, das das Gespräch auf der Stelle treten ließe. Vielmehr wird ein weiterführender Klärungsprozess bezüglich der oft verworrenen Gefühle des Trauernden angeregt, der als gefühlsmäßige Selbsterforschung (Selbstexploration) bezeichnet wird. Er kann so sein eigenes Erleben und das, was es bedeutet, tiefer und vollständiger erfahren und dadurch zu seiner, ganz persönlichen Weise des Trauerns finden.

Wer sich auf Trauernde wirklich einlässt, erkennt allerdings immer wieder – dies dürfte aufgrund des oben sowie in 1. Gesagten zur Genüge deutlich geworden sein – dass die Ebene des rein Psychischen schon bald verlassen wird. Sobald der akute Trauerschmerz ein wenig abgeklungen ist, beschäftigen den Trauernden das Schicksal des Toten sowie die Möglichkeit, mit ihm in Beziehung zu treten (Vgl. 1.). Diese Fragen lassen sich durch keine Psychologie beiseite schieben, sondern bedürfen einer tragfähigen Antwort, die allein *religiöser* Natur sein kann. Der *christliche Glaube* vermag hier eine Hilfe zu sein, da er im Gegensatz zu einer Psychologie, die nur die irdische Wirklichkeit kennt, die bleibende Bindung an den Verstorbenen nicht als zu beseitigende Illusion abtun muss, sondern ihre letzte Sinnhaftigkeit anerkennen kann, insofern er mit dem realen Leben der Toten bei Gott rechnet. Darüber hinaus vermag er aber auch die Trauer selbst in einen größeren Sinnzusammenhang zu stellen und so deren tiefe Berechtigung deutlich zu machen. Von daher sollte derjenige, der sich auf ein helfendes Gespräch mit Trauernden einlässt, auch in der Lage sein, auf deren religiöse Fragen einzugehen.

Zur Illustration dessen, was wir über das Trauergespräch gesagt haben, sei ein Gespräch mit einer Trauernden wiedergegeben, wobei T die Trauernde und G deren Gesprächspartner symbolisieren:

T: „Neulich, als ich wieder einmal in meiner Heimatstadt war, hatte ich plötzlich die Idee: Jetzt fahre ich ‘mal wieder zu meinem Elternhaus hinauf, obwohl meine Eltern und Geschwister lange tot sind …“

G: „Trotzdem hat dich irgendetwas hinaufgezogen …“

T: „Ja, ich war in meiner Kindheit und Jugend sehr glücklich, ich wollte einfach sehen, wie es dort nach so vielen Jahren heute aussieht.“

G: „So, als ob man diese glückliche Zeit irgendwie noch einmal finden könnte.“

T: „Ja, irgendwie schon, immerhin waren wir ja da noch alle zusammen.“

G: „Du wolltest also die alte Zeit *und* deine Familie wieder finden.“

T: „Ja, irgendwie schon.“

G: „Und, hast du sie gefunden?“

T: „Ja und Nein. Als ich vor dem Haus gestanden habe, ist mir alles wieder so gegenwärtig geworden. Es hat sich so viel verändert, es ist vieles nicht mehr so wie früher. Das hat mir gezeigt, dass dieses Früher unwiederbringlich vorbei ist.“

G: „Und das hat dir wehgetan.“

T: „Ja, das hat wehgetan, aber mindestens genauso wehgetan hat mir das, was doch noch so war wie früher: Die kleine Blechgarage, in die mein jüngerer Bruder immer sein Auto gestellt hat, war noch da, und das Fenster rechts neben der Haustüre war auch noch da. Es gibt ein Bild von meiner Mutter, wie sie, mit den Armen auf ein Kissen gestützt, aus diesem Fenster hinaussieht, das ist mir sehr nahe gegangen, so dass ich weinen musste.“

G: „Da hast du sie wieder richtig vermisst.“

T: „Ja, da ist wieder alles hochgekommen, wie sie krank wurde, wie man ein unheilbares Krebsleiden feststellte, und wie eine Embolie nach der vergeblichen Operation dazu geführt hat, dass sie so früh sterben musste. Wir hatten alle gehofft, dass sie wenigstens noch einmal nach Hause kommt. Es war fast, als wenn alles erst vor kurzem gewesen wäre, aber sie ist doch schon über vierzig Jahre tot!“

G: „Du hast sie sehr gern gehabt.“

T: „Ja schon, sicher es hat schon auch ´mal etwas gegeben, aber sie war unser aller Mittelpunkt; trotzdem wundere ich mich darüber, dass mich das alles immer noch so traurig machen kann.“

G: „Das beunruhigt dich ein wenig.“

T: „Irgendwie schon, das ist so lange her, ich bin jetzt siebzig Jahre, wesentlich älter als meine Mutter war, als sie gestorben ist, und ansonsten muss ich eigentlich nicht mehr weinen, auch wenn ich noch oft an sie, wie auch an meinen Vater und meine Brüder, denken muss.“

G: „Du bist eigentlich darüber hinweg, aber trotzdem fühlst du dich mit deinen toten Angehörigen noch verbunden. Irgendwie gehen sie dir immer noch ab.“

T: „Ja, genau. So richtig vergessen kann ich sie nicht, auch wenn ich nur noch ganz selten weinen muss.“

G: „Willst du sie denn vergessen?“

T: (Hält kurz inne). „Eigentlich nicht. Sie haben mir viel bedeutet, und obwohl sie schon so lange nicht mehr da sind, habe ich sie immer noch in meinem Herzen. Manchmal träume ich von ihnen, oder sie sind mir auf andere Weise nahe. Das gibt mir das Gefühl, dass ich sie nicht ganz verloren habe.“

G: „Das glaube ich auch. Das ist in Ordnung so und ich habe auch das Gefühl, dass es dir dabei gut geht.“

T: „Aber muss ich mich nicht von den Verstorbenen lösen? Sie sind doch tot!“

G: „Du hast selbst gespürt, dass du dich von ihnen in dem Sinn gelöst hast, dass dir immer klar war, dass du dein Leben ohne sie führen musst. Du hast eine eigene Familie gegründet und dein eigenes Leben gelebt. Trotzdem können wir auf einer anderen Ebene zu den Toten eine Beziehung aufnehmen, da wir nie aufhören, unsere Toten zu lieben und sie zu vermissen. Ich muss dabei immer an die Auferstehung der Toten denken, die hier ganz real in unser Leben tritt. Wenn die Toten nicht einfach vernichtet sind, sondern bei Gott leben, was spricht dann dagegen, dass wir zu ihnen auch weiterhin eine gute Beziehung haben können und dürfen?"

T: „Eigentlich nichts. So habe ich das noch gar nicht gesehen. Du meinst also, dass das, was ich erlebe, ganz in Ordnung ist?"

G: „Nicht nur das, ich sehe es auch als etwas sehr Positives und Wertvolles an. Viele Menschen machen ähnliche Erfahrungen."

T: „Dann bin ich schon ein wenig beruhigt."

Hier zeigen sich deutlich die Merkmale eines sinnvollen Trauergesprächs. Die Antworten des Gesprächspartners *greifen die Gefühle der Trauernden in wertschätzender Weise auf, lassen sie zu und tragen so zu deren Klärung bei*: Sie lernt das Aufsuchen ihres Elternhauses zu verstehen und zu akzeptieren als den äußeren Ausdruck dessen, dass zu der verstorbenen Familie immer noch eine positive Beziehung besteht, die jedoch einem gesunden Trauerprozess zu keiner Zeit im Wege stand. Der Gesprächspartner verhilft ihr dazu, diese Beziehung als etwas Wertvolles zu würdigen, indem er ihr einen *religiösen Deutungsansatz* anbietet. Wichtig ist, dass dies nicht unvermittelt oder belehrend geschieht, sondern auf eine Weise, die direkt an die Erfahrungen der Frau anknüpft. Diese können so zum einen als sinnhaft, zum anderen als trostreich erlebt werden. Der Glaube an die Auferstehung wird damit zur religiösen Erfahrung. Die bleibende Beziehung zu den Verstorbenen ist keine sinnlose Illusion, sondern der Widerschein dessen, dass unseren Toten wirkliches, wahres Leben bei Gott geschenkt ist.

Der folgende Brief *Dietrich Bonhoeffers*, den er im Bewusstsein seines nahen Todes am Heiligen Abend 1943 aus dem Gefängnis an seine Angehörigen richtete und mit dem wir unseren Beitrag schließen wollen, vermag einen wichtigen Aspekt von dem, was wir der Trauernden im Rahmen des oben wiedergegebenen Trauergesprächs vermitteln wollten, noch einmal auf eindrucksvolle Weise zu verdeutlichen: „Für die Euch nun bevorstehende Zeit der Trennung möchte ich Euch gern einiges sagen … Zunächst: es gibt nichts, was uns die Abwesenheit eines lieben Menschen ersetzen kann, und man soll das auch gar nicht versuchen; man muss es einfach aushalten und durchhalten; das klingt zunächst sehr hart, aber es ist doch zugleich ein großer Trost; denn indem die Lücke wirklich unausgefüllt bleibt, bleibt man durch sie miteinander verbunden. Es ist verkehrt, wenn man sagt, Gott füllt die Lücke aus; er füllt sie gar nicht aus, sondern er hält sie vielmehr gerade unausgefüllt und hilft uns dadurch, unsere alte Gemeinschaft miteinander – wenn auch unter Schmerzen – zu bewahren."[20]

---

20 D. Bonhoeffer, Widerstand und Ergebung, Gütersloh 1983.

Wolfgang Holzschuh

In Gruppen trauern und neu zu leben beginnen – Trauerpastoral für Betroffene in Haus Werdenfels

1. Von der Notwendigkeit, einen Raum für die Trauer zu finden

Wenn in Familien durch den Tod eines Kindes, Partners, Geschwisters oder (Groß)-Elternteils Beziehungen zerbrechen, schmerzt die Trennung sehr. Eine vertraute Welt bricht zusammen und löst meist eine Identitätskrise aus: „Wer bin ich ohne den anderen, der gestorben ist? Wie kann ich ohne ihn überleben?", fragen sich Trauernde. Nicht nur das psychische Gleichgewicht geht verloren, sondern auch die neue soziale Rolle – z.B. vormals als Ehefrau, jetzt als Witwe – muss neu gefunden und erlernt werden. Eine wichtige Aufgabe der Trauernden ist zudem, Leben und Tod eine Bedeutung zu geben. Denn mit dem Tod stellt sich stets die Frage nach dem Sinn des Lebens. Warum-Fragen quälen und Trauergefühle brechen sich ihre Bahn: eine sehr „bewegte und schmerzliche" Zeit für vom Verlust betroffene Menschen. Wo aber sind Trauernde? Auf den Fernsehkanälen sind nahezu tagtäglich im Sekundentakt Bilder von toten Menschen zu sehen: Opfer von Verkehrsunfällen und Katastrophen wie um die Jahreswende 2004/2005 in Südostasien als Folge der Tsunami-Welle, Erdbeben im Iran, Flugzeugabstürze – manche dieser Bilder bleiben im Gedächtnis haften. Hinter solchen Unglücken verbergen sich konkrete Gesichter und Familienschicksale, die alle einen Namen haben. Die Todesanzeigen in den Tageszeitungen verweisen auf die Anwesenheit des Todes im näheren Umkreis. Wo aber sind Trauernde im sozialen Umfeld präsent? Wo kann Begegnung mit ihnen stattfinden? Einerseits ziehen sich Trauernde zurück, bedingt durch die aufbrechende Trauer, die viel Energie nach „innen" fließen lässt, andererseits werden sie isoliert, indem Begegnung mit ihnen vermieden wird. Trauernde führen – sofern sie nicht von Berufs wegen eingefordert sind – meist ein zurückgezogenes Leben.

Ein Beispiel: Frau Meier hat ihren Mann vor knapp sechs Wochen verloren. Sie ist Witwe und lebt nun allein, denn ihre Kinder haben schon alle ihre eigenen Familien gegründet. Frau Meier geht auf dem Gehsteig. In etwa 20 Meter Entfernung kommt ihr Frau Müller, eine Bekannte aus der Pfarrgemeinde und Nachbarschaft, entgegen. Frau Müller sieht Frau Meier kommen. Sofort schießen ihr Gedanken durch den Kopf wie: „Oje, was sag' ich ihr bloß? Ich will ihre ‚Wunde' doch nicht wieder aufreißen." Auch Frau Meier erkennt nun Frau Müller. Plötzlich kommt Frau Müller eine „gute" Idee, die sie sogleich entschlossen umsetzt: Sie wechselt die Straßenseite. Frau Meier verletzt dies und vielleicht denkt sie: „Habe ich denn nun auch noch eine Krankheit, dass mich die Leute meiden?" Nicht aus Böswilligkeit oder Argwohn, sondern einfach aus Unsicherheit darüber, was man tun oder sagen soll, finden Begegnungen mit Trauernden häufig nicht mehr statt. So aber werden Trauernde von ihrem sozialen Umfeld ausgegrenzt.

In heutiger Gesellschaft gehen tradierte Verhaltensweisen, Bräuche und Riten um Sterben und Tod verloren, so dass die Mehrheit der Bevölkerung nicht mehr weiß, wie sie sich dazu verhalten und den zurückbleibenden Trauernden begegnen soll. Anders ist es – und darauf zielen die Fortbildungen, Seminare und Workshops für unterschiedliche Zielgruppen des Projektes „Trauerforschung und Trauerbegleitung" an der Universität Regensburg ab –, wird die Schwelle von Unsicherheit überschritten und Mut entwickelt, Begegnung mit Trauernden zu wagen. Frau Müller könnte dann Frau Meier auf dem Gehsteig begegnen und beispielsweise sagen: „Guten Tag, Frau Meier, ich bin ziemlich unsicher und weiß auch nicht, was ich Ihnen sagen soll. Was mit Ihrem Mann geschehen ist, tut mir leid. Vielleicht kann ich Ihnen ja etwas Gutes tun?"

Die eigene Unsicherheit im Gespräch mit Trauernden zu thematisieren, durch Nachfragen deren Wünsche bezüglich des Umgangs mit ihnen zu erkunden und Hilfsbereitschaft zu signalisieren kann hilfreich sein, um ins Gespräch zu kommen. Sicherlich sind die inneren Haltungen von Frau Müller entscheidend, eben wie sie Frau Meier begegnet – wie sie spricht. Wichtig jedoch ist, dass der Kontakt zunächst einmal hergestellt ist und sich die trauernde Person gesehen und angenommen weiß. Die meisten

Menschen aber wollen mit Trauernden nichts zu tun haben. Sie ziehen sich zurück und wenden sich den Alltagsgeschäften zu, weil Abschied und Tod eigene Ängste vor Sterben, Leid und Tod hervorruft. *Ein* Begegnungsraum für Trauernde sind Trauergruppen.[1] In der Diözese Regensburg[2] gibt es seit 2003 ein Angebot für Trauernde in Haus Werdenfels, ein Seminar für Betroffene, in dem sie sich untereinander und mit Begleitern treffen können, um ein Wegstück in ihrer Trauer gemeinsam weiterzugehen sowie Hilfestellung auf dem eigenen Trauerweg zu erhalten. Grundlegende Seminarbausteine werden im Folgenden vorgestellt und auf ihre pastorale Sinnhaftigkeit für den Trauerweg hin erläutert.

2. Bausteine des Seminars: „... Gott wird alle Tränen von ihren Augen wischen ..." (Offb 21,3) Umgang mit Trauer – Seminar für Betroffene[3]

2.1 Trauergeschichten erzählen

Nicht mehr als 16 TeilnehmerInnen und zwei begleitende Personen machen die Gruppe aus. Der dreitägige Kurs beginnt mit dem Kennenlernen. Besonders wichtig für einen guten Einstieg ist das

1 In vielen Pfarrgemeinden ist Trauerpastoral mit der Bestattung des Verstorbenen beendet. Nur manchmal findet eine Begleitung der Angehörigen statt - durch Besuche, Einladungen und spezielle Angebote für Trauernde, z.B. Gedenkgottesdienste oder thematische Seminare zur Situation Trauernder. Vermehrt werden Seminare für Trauernde bzw. Trauerbegleiter angeboten. Sie sind für Trauernde eine Chance zur Begegnung. Besonders Selbsthilfegruppen schaffen eine Solidargemeinschaft und treten der Vereinzelung, Ausgrenzung und Vereinsamung in der Trauer entgegen.

2 Trauergruppen und -treffen auf Pfarreiebene anzubieten setzt meist eine gewisse Pfarreigröße voraus. Handelt es sich um eine kleine Dorfpfarrei, kommt oft keine Gruppe zustande. Erfahrungsgemäß sind Betroffene zudem eher bereit, in eine Gruppe zu kommen, die auf überpfarreilicher Ebene, z.B. Dekanats- oder Diözesanebene, angesiedelt ist. Die Teilnehmer kommen oft zu zweit aus einer Pfarrei, sind ansonsten im Regelfall aber nicht miteinander bekannt, wodurch ein gewisser Schutz der Intimsphäre garantiert ist. Die Schwelle, sich definitiv für ein Gruppenseminar anzumelden, ist hoch. Bedeutet dies doch, sich der eigenen Trauer zu stellen, etwas von sich preiszugeben, bereit zu sein, auf dem Trauerweg weiter zu gehen und die Trauer der anderen auszuhalten. Manche nutzen daher noch kurz vor Seminarbeginn die Flucht nach hinten und bleiben weg.

3 Vgl. Anlage: Ausschreibungstext zum Seminar.

Herstellen einer offenen, persönlichen und vertrauensvollen Atmosphäre. Es soll ein Ort entstehen, an dem die Trauernden auch ihren Gefühlen Ausdruck geben können.

Zuvorderst brauchen Trauernde Zeit und Raum für das, was sie beschäftigt und umtreibt. Meist schon beim ersten Rundgespräch, in dem eigene Anliegen und Erwartungen formuliert werden, ist das, was die eigene Trauer „ausmacht", massiv da. Von allen Beteiligten als emotional belastend erlebt wird die Anfangsphase (der erste Abend und der darauf folgende Morgen), bis jeder seine Trauergeschichte erzählt hat, das Schwere und Schmerzliche ausgedrückt und die Schicksale der anderen angehört hat. Wenn auch die einzelnen Geschichten nie miteinander vergleichbar sind, denn jede ist eine persönliche und jeder Schmerz wird subjektiv erlebt, so schafft diese erste „Runde" doch oft eine Relation der Trauergeschichten zueinander. So formulierte beispielsweise bei einem der Seminare eine ältere Dame, die auf ein langes und erfülltes Leben mit ihrem Mann zurückblicken konnte: „Wenn ich hier diese Schicksale gerade der jungen Menschen höre, dann verblasst mein Schmerz und ich werde dankbar für das, was mir über so lange Zeit geschenkt wurde: die Beziehung zu meinem Mann."

Bedeutsam anzuerkennen ist, dass sich niemand mit einem anderen vergleichen und niemand einem anderen den Schmerz abnehmen kann – auch in der Gruppe nicht. Jede und jeder muss sich selbst dem Leben stellen und lernen, dem Abschied zuzustimmen, jede und jeder muss den eigenen Lebens- und Abschiedsweg gehen. Im „Trauergeschichten erzählen" nehmen die Mitglieder der Gruppe daran Anteil und begleiten sich gegenseitig in einer solidarischen Weggemeinschaft für eine bestimmte Zeit. Wenn die Trauernden von ihrem Verstorbenen, ihrer Beziehung zu ihm und ihrer gemeinsamen Geschichte erzählen, nehmen sie einander in der erlebten Trauer sensibel wahr, bleiben dabei und halten sich in Schmerz, Enttäuschung, Wut, Hass oder auch in der Erleichterung und Befreiung über den Verlust aus; ohne Angst davor, bewertet oder beurteilt zu werden. Dadurch entstehen Freiräume, in denen Betroffene ihre Bedürfnisse formulieren und ein Stück weit leben können. Wenn die Trauernden die eigene Geschichte immer wieder erzählen dürfen, wenn der Abschiedsschmerz sein darf und das Gute, was verloren ging, geachtet und gewürdigt wird, kann daraus Dankbarkeit erwachsen für das, was war. Dann können sie den Verstorbenen langsam loslassen und die eigene Geschichte annehmen. Unversöhnte Abschiede hängen lange nach und werden bei darauf folgenden Abschieden innerlich immer wieder mobilisiert – sie drängen sich auf. Nur vom Guten ist ein Loslassen möglich, ein gelungener Abschied ist ein wichtiger Schritt in ein Leben mit dem Verlust. Die eigene Trauergeschichte sich selbst und anderen erzählen und dabei in angeleiteten Übungen dem Schmerz und dem Dank Raum geben, ist darum ein wesentlicher Baustein des Betroffenenseminars.

2.2 Trauer verstehen

Um andere und sich selbst in der Trauer besser verstehen zu können, bedarf es des Wissens um Trauer[4]: In einer pastoralpsychologischen Grundlegung erhalten die Teilnehmer anhand konkreter Beispiele Informationen zu normalen Trauerreaktionen und zum Trauerverlauf. Trauer überkommt den ganzen Menschen, d.h. seinen Körper, seine Gefühle, sein Denken und Verhalten. Die teilweise befremdlichen Reaktionen beunruhigen viele Trauernde: Eine Witwe hatte immer wieder gespürt, dass ihr verstorbener Mann nachts neben ihr im Bett lag. Darüber sprach sie im Alltag mit niemandem, weil sie befürchtete, für verrückt erklärt zu werden. Aufgrund der Erkenntnis, dass es sich dabei um eine normale Trauerreaktion handelt und viele von ähnlichen Erfahrungen berichten, können Betroffene dem, was mit ihnen in der Trauer geschieht, gelassener begegnen, sich mehr zugestehen und kommen lassen.[5]

4 Angehörige trauern unterschiedlich, abhängig von Faktoren wie dem psychosozialen Umfeld, der Persönlichkeit, der körperlichen Konstitution, den bisherigen Erfahrungen mit Tod, der Qualität der Beziehung zum Verstorbenen, dem Alter und Geschlecht. Trauer zu systematisieren ist daher schwer, besonders in einer individualisierten Gesellschaft, in der die gemeinschaftlichen, z.T. öffentlichen Aspekte von Tod und Trauer nicht mehr selbstverständlich sind und Trauer zunehmend ins Private abgedrängt wird.

5 Bei angstmachenden oder normierten Gefühlen wie Aggression auf den Verstorbenen oder außergewöhnlichen Erlebnissen mit dem Toten (Gespräch/Dialog) raten die Psychologen der Essener Trauerberatungsstelle, diese Gefühle

Jede und jeder muss den eigenen Weg durch die Trauer finden und ist dabei zugleich in das gesellschaftliche Bedingungsgefüge eingebunden. Das oben angeführte Beispiel von Frau Meier und Frau Müller macht deutlich, wie wenig stützend, weil von großer Unsicherheit bestimmt, das soziale Umfeld bei der Bewältigung von Verlusten teilweise erfahren wird. Die Thematisierung des spannungsvollen Zusammenhangs zwischen Betroffenen und dem Kontext im Umgang mit Tod und Trauer klärt die eigene Trauersituation und kann einen neuen Zugang zur Welt und damit zum Leben eröffnen. „Das erste, was ich tun werde, wenn ich wieder zuhause bin“, so eine Teilnehmerin, die aus Enttäuschung jeglichen Kontakt zu Nachbarschaft, Bekannten- und Freundeskreis abgebrochen hatte, „ich gehe wieder nach draußen.“

„Ist das Trauerseminar ein Frauenseminar?“, erkundigte sich der einzige angemeldete Mann telefonisch im Bildungshaus, nachdem er die TeilnehmerInnenliste durchgesehen hatte. Trauer in Gruppen hat ein vorwiegend weibliches Gesicht, 90 Prozent der Teilnehmer sind Frauen. Männer suchen sich meist keine Gruppen, sondern versuchen eher allein mit ihrer Trauer zurecht zu kommen. Die Sozialisation der Geschlechterrollen im Umgang mit schmerzlichen Gefühlen spielt dabei eine gewichtige Rolle.[6] Gemischte Gruppen aus Frauen *und* Männern sind dennoch wünschenswert, denn durch die Konfrontation der unterschiedlichen

---

und Erlebnisse als „normal“ zu deklarieren. Da diese Situationen häufig vorkommen, Trauernde darüber aber nicht sprechen, befähigt eine generalisierende Aussage die Trauernden, zu ihren beunruhigenden Gefühlen und Erlebnissen zu stehen (vgl. Jerneizig, Ralf / Langenmayr, Arnold / Schubert, Ulrich, Leitfaden zur Trauertherapie und Trauerberatung, Göttingen 21994, 93-96).

6 „Ein Indianer kennt keinen Schmerz“ oder „hart wie Krupp-Stahl“ – diese oder ähnliche Phrasen haben viele Männer verinnerlicht. Dadurch wird der inzwischen gesellschaftlich anerkannte Wert der Selbstbeherrschung noch verstärkt. Ihrem Trauerschmerz geben Männer eher in Zurückgezogenheit Raum, nach außen hin trauern sie eher rational und aggressiv (Suche nach einem Schuldigen für den Tod). Gerade zu Beginn üben sie eine Kontrollfunktion in der Familie aus, damit Trauergefühle nicht ausufern. Arbeit ist vielfach eine willkommene Ablenkung. Oft kommt Trauer erst verzögert in Gang.
Demgegenüber trauern Frauen eher gefühlsnah und geben dem Verlust meist eine körperliche Komponente. So berichtete eine Mutter, dass sie den Tod ihrer Tochter wie eine Armamputation empfindet. Dadurch, dass Frauen sich mehr zuhause aufhalten, werden sie ständig durch die Umgebung, in der auch der Verstorbene gelebt hat, an den Tod erinnert. Der Trauerschmerz kommt dadurch zum Fließen.

Trauerverhaltensweisen von Mann und Frau können beide Geschlechter voneinander lernen und mehr Verständnis und Achtung füreinander können wachsen. „Unser ‚Gruppenmann' hat mir gut getan", resümierte eine Frau, die ihren Sohn verlor, „jetzt kann ich meinen Mann besser verstehen."

2.3 Trauer deuten

Zum Betroffenenseminar kommen viele mit dem Anliegen, über den eigenen Glauben sprechen zu können. Mit dem Verlust gerät das bisherige Gottesbild ins Wanken. „Gibt es einen gerechten Gott?" oder „Warum lässt Gott das zu?" – diese Fragen nach dem *Warum* werden immer wieder mit Nachdruck gestellt, denn sie bedrängen Trauernde existentiell. Dabei werden keine belehrenden Antworten erwartet, vielmehr Menschen, die sich mit ihnen auf Sinn- bzw. Deutungssuche begeben. Von Begleiterseite haben sich auf diesem Weg die Grundhaltungen Wertschätzung, Echtheit und verstehendes Einfühlen nach *Carl Rogers* bewährt.[7] Auch der eigene Glaube darf narrativ-zeugnishaft zur Sprache kommen, vor allem wenn Trauernde direkt danach fragen. In der Begleitung bedeutsam ist zudem, den Trauernden die aufbrechenden negativen Gefühle, die auch auf Gott projiziert werden, nicht zu verbieten. Wenn sie dazu ermutigt werden, diese Gefühle Gott gegenüber zu leben, bleiben sie – wie der trauernde Hiob, der in all dem Leid über den Verlust seiner Kinder und sein Hab und Gut den Kontakt mit Gott und – auf der zwischenmenschlichen Ebene – mit seinen Freunden nicht abgebrochen hat – in Beziehung mit Gott. Dann werden sie erleben, dass sich diese Gefühle verändern. Entscheidend ist, in der Auseinandersetzung zu bleiben. Fallen Trauernde in totale Isolation oder Beziehungslosigkeit, werden sie innerlich hart.

Zur Frage nach dem Sinn des Lebens gehört von jeher die Deutung des Todes, der jedem Menschen widerfährt und ihn deshalb unmittelbar angeht. Theologie treiben heißt, durch den Glauben

7 Vgl. Holzschuh, Wolfgang, Die Trauer der Eltern bei Verlust eines Kindes. Eine praktisch-theologische Untersuchung, Würzburg [2]2000, 110-116.

an die Offenbarung Gottes, wie sie in der Bibel bezeugt ist und aus der Tradition der Kirche hervorgeht, eine sinnstiftende Antwort zu finden. Die Hoffnung auf die Auferstehung der Toten und die Erwartung eines Lebens in einer neuen Welt gründet in der Überzeugung, dass Jesus Christus der erste der von den Toten Auferweckten ist. Alles, was Christen daher erwarten, ist die Entfaltung dieser Grundaussage des Glaubens an den auferstandenen Christus.[8]

Bei Trauernden fungiert der je eigene Glaube bzw. die Weltanschauung als Basis für die Deutung des Todes. Wie und in welcher Weise der Verstorbene weiterlebt und damit die Auseinandersetzung mit nachtodlichen Vorstellungen[9] ist fast immer Thema. „Mein Sohn ist aus der Kirche ausgetreten und verstarb ganz plötzlich." Für die ältere Frau war es schmerzlich, ihren Sohn außerhalb der Gemeinschaft der Glaubenden zu wähnen. „Wo ist jetzt mein Sohn?", wollte sie wissen. In der Abschlussrunde berichtete sie von der neu geschenkten Hoffnung, dass sie ihren Sohn nun in Gottes Hand geborgen weiß. Sie bezog sich dabei auf eine Darstellung der Hand Gottes, in der die Seelen der Verstor-

---

8 Jesus selbst ist die Auferstehung und das Leben (Joh 11,25; 14,6).

9 Die biblischen Bilder zu nachtodlichen Vorstellungen sind keine naturwissenschaftlichen Hypothesen eines evolutiven Kosmos, sie wollen keine zukünftige, empirische und gegenständliche Wirklichkeit zeichnen, sondern bleiben vielmehr im Bild und damit für eigene Assoziationen offen. Das konkrete „Wie" der Seinsweise der Toten und der kommenden Welt bleibt verborgen. Sinn dieser Aussagen ist, angesichts des Todes Mut, Vertrauen und Hoffnung zuzusprechen bzw. zur Umkehr zu mahnen.
Besonders in Gleichnissen, Geschichten, Bildern und Metaphern sind nachtodliche Vorstellungen zu finden, beispielsweise Eingehen in Abrahams Schoß (Lk 16,22), ins Paradies (Lk 23,43), die neue Stadt Jerusalem (Offb 21,2-10), bei Gott Vater bereitete Wohnungen (Joh 14,2), Auferstehung der Toten (Röm 8,11; 1 Kor 15,12-22; 1 Thess 4,16), Weltuntergang und Neuschaffung der Welt (Mk 13,24-25; 2 Petr 3,10-13; Offb 21,1). Das Gericht (Mt 25,31-46; Joh 5,28-29; Offb 20,11-15) ist nicht als äußerer Gerichtsvorgang, sondern als geistiger Vorgang zu verstehen: „Angesichts der absoluten Wahrheit Gottes, wie sie in Jesus Christus erschienen ist, geht dem Menschen die Wahrheit über sein Leben auf. Dann werden die Masken fallen und die Verstellungen und Selbsttäuschungen ein Ende haben. Es wird dem Menschen endgültig offenkundig, ob er sein Leben gewonnen oder verfehlt hat" (Kath. Erwachsenenkatechismus. Das Glaubensbekenntnis der Kirche, hg. von der Deutschen Bischofskonferenz, Kevelaer u.a. [3]1985, 408). Wolfgang Beinert sieht im Bild des Gerichts die (Wieder-)Herstellung der göttlichen Ordnung (vgl. Beinert, Wolfgang, Tod und Jenseits, Regensburg 2000, 106). Zur Sinnhaftigkeit eschatologischer Rede: vgl. ebd. 90-96.

benen wohlbehütet gehalten sind. In Hoffnungsbildern können Trauernde das menschliche Leben in seinem umfassenden Horizont von Gott her „erkennen", sie können sich selbst und ihre Verstorbenen in Gott „beheimatet" erfahren. Dieser Mutter hat sich auf intuitivem Weg eine Antwort erschlossen, die ihr Trost und Frieden bringt.

Für Trauernde hat Auferstehung stets ein konkretes Gesicht: das ihres Verstorbenen. Ersehnt wird ein Wiedersehen in einer von Gott geschaffenen Welt. Das verheißene „neue Jerusalem" weist diese Zukunft in der Gemeinschaft mit Gott wie folgt aus: „Siehe, das Zelt Gottes bei den Menschen! Und er wird bei ihnen wohnen, und sie werden sein Volk sein, und Gott selbst wird bei ihnen sein. Und er wird jede Träne von ihren Augen abwischen, und der Tod wird nicht mehr sein, noch Trauer, noch Geschrei, noch Schmerz wird mehr sein ..." (Offb 21,3b-4). Eigene Untersuchungen[10] sowie Erfahrungen in der Pastoral und mit Trauergruppen belegen, dass die Vorstellung vom Geborgen-Sein des Verstorbenen bei Gott Trauernden hilft, diesen loszulassen und frei zu geben. Im hoffnungsvollen Vertrauen und im Trost, den die eschatologischen Bilder zusprechen, vermögen Betroffene den Abschiedsschmerz an sich heranzulassen. Ohne Hoffnung, gleichsam in der Vorstellung, dass alles Leben in den unweigerlichen Abgrund führt, kann sich Trauer kaum lösen. Die Beschäftigung mit nachtodlichen Vorstellungen und Fragen nach Gerechtigkeit und Leid sind Bestandteil ganzheitlichen Trauerns, Trauer in christlicher Sicht deuten ist darum ein weiterer Seminarbaustein.

2.4 Emmausgang als Metapher für christliche Trauerbegleitung[11]

An einem Seminarnachmittag macht sich die Gruppe gemeinsam auf den Weg: Jeweils zu zweit gehen die Trauernden nach „Em-

10 Vgl. Holzschuh, Die Trauer der Eltern bei Verlust eines Kindes. Eine praktisch-theologische Untersuchung, Würzburg ²2000; ders. (Hg.), Geschwister-Trauer. Erfahrungen und Hilfen aus verschiedenen Praxisfeldern, Regensburg 2000.

11 Vgl. Emmausgeschichte - Wie Jesus Trauernde begleitet, in: Trauerbegleitung. Kinder und Trauer, hg. von Bischöfliches Ordinariat Regensburg, Regensburg 2003, 17-18.

maus“. Auf dem Weg entlang des Flusses tauschen sie sich gegenseitig über folgende Fragen aus: Welchen Weg bin ich bisher in meiner Trauer gegangen? Welche Bedeutung hat der Glaube, die Hoffnung in meiner Trauer? Wer ist Christus für mich? Spüre ich, dass Christus mitgeht? Auch die Jünger stürzt die Kreuzigung Jesu in eine äußerste Krise und tiefe Trauer. Mit seinem Tod stehen für sie Glaube und Hoffnung in Frage. Sie haben alles verlassen und sind Jesus gefolgt und hatten von der Befreiung aus der römischen Fremdherrschaft geträumt. Mit einem Schlag hat sich ihr Selbstverständnis als Jesu Jünger zerschlagen. Mit dem Tod Jesu ist alles vorbei. Wieso jetzt noch Jünger sein? – Am Anfang ihrer Trauer steht große Enttäuschung und die Flucht – weg vom Ort des Schreckens. Sie wollen Abstand haben und dem Geschehenen entfliehen. Ähnlich wie die Jünger reagieren viele Trauernde: Sie wollen dem Schmerz irgendwie entgehen oder ausweichen. Eine innere Fluchtbewegung tritt ein, wenn Schmerzliches, Trauer und Schweres ins eigene Leben kommt.

Die Jünger aber haben einander, sie kommen miteinander ins Gespräch und reden über ihre zerbrochenen Hoffnungen, ihre Enttäuschung und Ausweglosigkeit. Dies ist auch die Situation in der Trauergruppe. Trauernde haben einander, denn einander vertrauen sie mehr als Nicht-Betroffenen. Sie glauben, dass Ebenfalls-Betroffene sie besser verstehen können, weil diese wissen, wovon sie reden. Unerkannt gesellt sich Jesus zu den Jüngern. Ihnen bleibt er zunächst ein Fremder, nicht wie in anderen Auferstehungsberichten, in denen er sich sogleich zu erkennen gibt. Jesus geht auf die Bedürfnisse der trauernden Jünger ein: Er geht mit, hört zu, interessiert sich für sie, ihren Schmerz und ihre Geschichte. Er fordert nichts, er ist einfach da, nimmt an ihrem Leben teil und empfindet mit ihnen. Wie viel ist gewonnen, wenn Trauernde sich in ihrer Trauer ernst genommen fühlen, wenn sie angehört werden. Da sein und bleiben, ihren Schmerz teilen – auch wenn es schwer fällt, immer wieder zuzuhören – das ist Weggemeinschaft mit Trauernden nach dem Vorbild Jesu Christi. Jesus bleibt aber nicht nur Zuhörer, sondern es entsteht ein Dialog mit den Jüngern. Die Jünger hören zu, wie er ihnen Gottes Wort deutet. Jesus bindet ihr Erlebnis in den Heilsplan Gottes mit ein und zeigt dadurch eine neue Lebensperspektive auf. Gleich den Jüngern brauchen Trauernde Menschen, die mit ihnen auf der Suche nach Gott und nach Sinn gehen. Gefragt sind dabei nicht abgefasste Glaubensformeln, sondern ein persönlicher Austausch über die existentielle Auseinandersetzung im alltäglichen Leben mit dem Glauben an Gott. Erkennen Trauernde in ihrer Lebensgeschichte auch Züge von Gottes Heilsgeschichte – wie die Jünger, fängt die Schrift in ihnen selbst an zu leben. Im Dialog mit anderen, im Erzählen von Erfahrungen, die nicht beim Tod stehen bleiben, finden Trauernde zu einer neuen Lebensperspektive.

In Emmaus angekommen begegnet Jesus den Jüngern auf einer gegenüber dem Gespräch auf dem Weg qualitativ anderen Ebene: Er hält Mahl mit ihnen und sie begreifen, nachdem sie Jesus beim Brotbrechen erkannten: Er hält mit ihnen Eucharistiegemeinschaft. Darin kommt Jesu Hingabe ganz zum Ausdruck. Er bleibt nicht bei Worten stehen, sondern wird selbst Nahrung für sie. Er lässt sie dadurch Anteil haben an seinem Geschick: Sie sind hineingenommen in Leid und Tod, in seine Auferstehung und Herrlichkeit. Dies geschieht auch heute in jeder Eucharistiefeier – so auch mit den Trauernden am Ende jeden Seminars. In der Vergegenwärtigung der Heilsgeheimnisse geschieht Heil. „Wirkliche" Begegnung mit Christus im innersten Herzen tröstet die Trauer. Diese Begegnung kann nicht hergestellt oder produziert werden, denn sie bleibt stets Geschenk. Eröffnet werden können dafür aber Räume.

Durch die Begegnung mit Christus wendet sich die Trauer der Jünger. Ihr erneuerter Glaube an ihn bewirkt ihre Umkehr nach Jerusalem an den Ort des Schreckens, von dem sie zunächst geflohen sind. Gestärkt in dieser Kraft können sie wieder Jünger sein und sich dem Alltag stellen. Trauernde können sich wieder ihrer Verantwortung im Alltag stellen, fühlen sie sich von anderen Menschen und von Gott angenommen. Dann beginnen sie wieder neu zu leben.

2.5 Beziehung zum Verstorbenen gestalten

Unabhängig von den jeweiligen Jenseitsvorstellungen ändert sich die Beziehung der Trauernden zu den Verstorbenen in jedem Fall grundlegend: Wenngleich diese mit den Sinnen nicht wahrgenommen werden können, so werden sie dennoch häufig von Trauernden *irgendwie* gegenwärtig erfahren. Mit der christlichen Vorstellung des Durchdringens von unsichtbarer und sichtbarer Welt lässt sich dies durchaus vereinbaren. Die Verbindung zu Toten erfahren Trauernde meist auf intuitive Weise: sie schaffen mit ihrer *Herzenskraft* eine Verbindung, führen mit ihnen einen inneren Dialog, erleben sie als innere Begleiter, beten für sie und bitten sie. Der Gedanke und Glaube an die Gemeinschaft der Heiligen, die alle Christen – lebende und tote – vereint, legt diese Durchdringung von Diesseits und Jenseits nahe. Theologisch kommt diese Verbindung von Lebenden und Toten exemplarisch in der Eucharistie zum Ausdruck: In Christus ist diese Verbindung hergestellt. Der Fluchtpunkt, auf den alles ausgerichtet ist, ist in Christus gegeben. In-ihm-Sein ist Ziel der Lebenden und der Toten.[12] Häufig berichten Trauernde von Erlebnissen mit Verstorbenen. Solche Erfahrungen ausschließlich als innerpsychisches Geschehen zu begreifen, etwa als reine Fehlwahrnehmungen, ist m.E. in diesem Zusammenhang zu kurz gegriffen. Theologisch muss die Möglichkeit einer Durchdringung von sichtbarer und unsichtbarer Welt zumindest offen bleiben; erst durch näheres Hinschauen auf konkrete Erlebnisse kann eine Deutung erfolgen. Eine junge Frau erzählte von ihren Auditionen mit ihrer verstorbenen Schwester, die sich das Leben genommen hatte. Sie fühlte ihre Schwester ganz nahe und hörte, dass sie für sie beten solle. Die Frau war durcheinander und wusste nicht, ob sie ihrem Erleben trauen sollte. Die Ermutigung, dass sie ihre Erfahrung ernst nehmen und als wirklich ansehen darf, und der Hinweis, dass solche bzw. ähnliche Dialoge bei Trauernden häufig sind, erleichterte diese Frau sehr.

Trauernde suchen auch anderweitig Kontakt zu Toten, beispielsweise durch Aufsuchen von Wahrsagern oder Teilnahme an spiritistischen bzw. animistischen Praktiken wie automatischem

12 „Leben wir, so leben wir dem Herrn, sterben wir, so sterben wir dem Herrn. Ob wir leben oder sterben, wir gehören dem Herrn. Denn Christus ist gestorben und lebendig geworden, um Herr zu sein über Tote und Lebende“ (Röm 14,8-9). Das Bei-Christus-Sein ist Kernpunkt paulinischer Hoffnung und Ausdruck ewigen Lebens (Phil 1,23; 2 Kor 5,8).

Schreiben und Tischrücken. Solche Praktiken sind mit christlichem Glauben nicht vereinbar, da sie Automatismus zugrunde legen, christlichem Vertrauen zuwider laufen und abhängig machen können. Entscheidend ist stets – wie bei allen zwischenmenschlichen Beziehungen – die Qualität der Beziehung und die Achtung der Freiheit des anderen, auch wenn dieser schon *tot* ist. Abschied nehmen bedeutet, den Toten frei zu geben, ihn gehen- und loszulassen; dies ist keineswegs gegenläufig zur weiteren vertrauten, inneren Verbindung mit dem Verstorbenen. Die Wirkung des Verstorbenen auf die Hinterbliebenen ist Ausdruck der Beziehung zu ihm. Eine vertrauensvolle Beziehung ist vorhanden, wird der Verstorbene als Kraft oder wohlwollender Begleiter erlebt, der das Vertrauen ins eigene Leben stärkt.

2.6 Praktische Hilfen und Elemente

Abschiede wollen gestaltet sein. Das „Übergehen" von Abschieden, so als wäre nichts geschehen, steht einer neuen Angliederung ans Leben im Weg. Weil sich Menschen in ihren Abschieden oft allein gelassen fühlen, hegen sie die Sehnsucht, ihrem Abschied in Gemeinschaft einen Ausdruck zu verleihen, z.B. in einer Symbolhandlung oder einem Ritual. In heutiger Gesellschaft gehen kirchliche Rituale zurück oder werden vielfach nicht mehr verstanden. Abschiednehmende brauchen aber eine Solidargemeinschaft, in der sie sich verstanden und getragen wissen. Der Schmerz will von innen nach außen – er will gezeigt, gesehen und verarbeitet werden. Um den Zeitpunkt der Bestattung gibt es viele sinnvolle, stützende Rituale: So befördern z.B. Waschen, Anziehen des Verstorbenen und Totenwache den in psychologischer Hinsicht wichtigen konfrontativen Umgang mit dem Verstorbenen. Be-greifen, dass dieser wirklich tot, beginnt mit dem sinnlichen Wahrnehmen beim Sehen und Berühren des Leichnams. Die veränderte Realität leitet in der Folge den Trauerprozess. Sterbegebete und Rosenkranz haben neben der Bitte für den Verstorbenen auch eine beruhigende Wirkung – sie sind meditative Besinnung. Trauernde dürfen und können noch etwas für den Verstorbenen tun und bei ihm verweilen, was späteren Schuldgefühlen vorbeugen kann. Beerdigung und Leichenmahl vereinen in sich Trennung, Umwandlung und Neuanschluss, in ihnen wird der Übergang zum neu erworbenen Status, z.B. als Witwer, sichtbar.[13] Inwieweit tradierte Formen und Gebete für Angehörige noch Gültigkeit besitzen bzw. neu entdeckt werden, zeigt sich beim konkreten Trauerfall in der Familie.

In den Trauerseminaren ist freilich diese wichtige, gestaltete Zeit des Übergangs bis zur Bestattung vorüber. Meist blicken Trauernde auf diese Zeit schon einige Monate zurück, wenn sie sich zum Seminar anmelden. Durch rituelle Handlungen[14] in der Gruppe kommt der Abschied nochmals in den Blick. So kann Versäumtes auf einer symbolischen Ebene zum Ausdruck gebracht und nachgeholt werden oder in Dankbarkeit die gelebte Liebe der durch Tod zu Ende gegangenen Beziehung erfahren werden. Dabei trinken z.B. die Trauernden aus einer Glaskaraffe klares Wasser – lebendiges Wasser zum Zeichen für das Schöne des gemeinsamen Lebens mit dem Verstorbenen. Den Rest des Wassers leeren sie in eine große Schale, gefüllt mit Erde. Das versickernde Wasser ist Zeichen für die zu Ende gegangene gemeinsame Wegstrecke hier auf Erden. Die Erde nimmt das Wasser auf, nichts davon geht verloren. Die nunmehr leere Karaffe ist bereit, sich neu mit lebendigem Wasser füllen zu lassen – Zeichen für den Neuanfang.

Auch Trauertänze eignen sich, den Abschied in Gemeinschaft nochmals zu erleben: An einem Abend wird eine Lichterprozession „getanzt“, um die Verstorbenen zu ehren.[15] Diese Prozession hat ihren Sitz im Leben in der orthodoxen Kirche. Der biblische

---

13 Aus dem Grund empfehlen wir in den Seminaren des Projektes „Trauerforschung und Trauerbegleitung“ für Pastoralberufe, Bestatter und andere helfende Berufe, das eigene Tun der Angehörigen zu unterstützen und die Gestaltung der eigenen Trauer zu befördern. Je mehr nahe Verwandte an den Abläufen um Sterben, Tod und Trauer beteiligt werden, desto günstiger ist dies für ihr Fortschreiten auf ihrem Trauerweg.

14 Rituelle Handlungen unterscheiden sich von Ritualen insofern, als sie nur von den Beteiligten exklusiv vollzogen und verstanden werden.

15 Eine Abschiedskultur, die ihre Toten ehrt und wertschätzt, schwächt die Trauernden nicht; im Gegenteil, es gibt ihnen mehr Kraft für ihr Leben, weil sie in positiver Weise mit ihren Wurzeln verbunden bleiben. Trauernde tun dies auch vermehrt durch Eigenengagement im Andenken an ihre Verstorbenen, beispielsweise in Form der Mitarbeit in wohltätigen Organisationen wie Hospizverein oder einer Stiftung.

Hintergrund ist dabei der Gang der Frauen zum Grab Jesu. Ähnlich wie die Frauen auf dem Weg zum Grab nicht wissen, dass Jesus auferstanden ist und lebt, sind auch Trauernde unterwegs zum Grab ihres Verstorbenen. Wie Christus auferstanden ist und lebt, sind alle, die zu ihm gehören, in sein Leben als Auferstandener hineingenommen und leben – das ist die christliche Hoffnung. Das Licht, das bei diesem Tanz jede und jeder in der Hand durch die dunkle Kirche trägt, symbolisiert das Leben des Verstorbenen in Christus. Am Ende der Prozession stellen alle ihr Licht auf den Altar, einem Symbol für Christus – Zeichen dafür, dass die Verstorbenen bei Christus sind. Abschiede zu gestalten und Impulse zu geben für das Leben ohne den Verstorbenen sind wichtige Anliegen des Seminars. Wenn Trauernde durch gegenseitiges Erzählen einander helfen, die alltagspraktischen Handlungskompetenzen zu erweitern, bekommen sie Kraft, sich den Anforderungen des Alltags wieder zu stellen.

Die selbsterfahrungs- und prozessorientierten Trauerseminare für Betroffene in Haus Werdenfels geben Raum zum Erzählen der eigenen Trauergeschichten, geben Einblick in das, was in der Trauer passiert, und sie geben Zeugnis von der christlichen Hoffnung, die in der Treue Gottes fest gegründet ist. Wie die Emmausjünger wieder Vertrauen ins Leben gewinnen, können Trauernde in einem geschütztem Raum und durch konkrete Übungen[16] angeleitet positive Erfahrungen sammeln und so einwenig „neu" zu leben beginnen. „Seit mein Mann verstorben ist, konnte ich nicht mehr lachen", so eine Teilnehmerin bei der Abschlussrunde, „jetzt in diesem Seminar konnte ich es zum ersten Mal wieder." Beides, Trauer und Freude, Tod und Leben, können nebeneinander stehen.

---

16 Zu inhaltlichen und organisatorischen Anregungen für die Gruppenarbeit mit Trauernden: vgl. Trauerbegleitung. Kinder und Trauer, hg. von Bischöfliches Ordinariat Regensburg, 2003; Kaufmann, Jürgen / Kreitmeir, Christoph / Wagner, Maximilian, Ein Quell in unserer Wüste. Wegbegleitung in einem Trauerkreis, Würzburg 2000; Müller, Monika / Schnegg, Matthias, Unwiederbringlich – Vom Sinn der Trauer, Freiburg 2001, Baer, Ulrich / Bücken, Hajo / Freitag-Becker, Edeltrud / Thanhoffer, Michael, Sag beim Abschied … . Spiele, Materialien und Methoden für Schlussphasen in der Gruppenarbeit, Leipzig 1998, 176-179.

3. Anlage: Seminar für Betroffene – Umgang mit Trauer

Verlust- und Abschiedserfahrungen markieren schwerwiegende Einschnitte im Lebensweg eines Menschen. Entgegen der weitverbreiteten Mentalität des ‚Alles-Machen-Könnens', stoßen Trauernde an eine unüberwindliche Grenze: der Tod eines geliebten Menschen lässt sich nicht rückgängig machen. Einander in der erlebten Trauer wahrzunehmen, dabeizubleiben, einander zuzuhören, auszuhalten und ein Stück weit Hilfestellung zu geben, auf dem eigenen Trauerweg weiterzugehen, ist ein Schwerpunkt dieses Seminar.

Zudem sind psychologische Einsichten wichtig, sich selbst und andere in der Trauer zu verstehen. Mit dem Verstehen ändert sich der Umgang mit der eigenen und der Trauer anderer. Wie kann man auf gute Weise mit der Trauer um den Verlust eines geliebten Menschen umgehen? Wie kann es gelingen, ihm einen guten Platz einzuräumen im eigenen Empfinden und im Leben der Familie? Kann der Glaube Kraft geben? Wie anderen in ihrer Trauer begegnen? Was hilft, damit der Abschiedsschmerz nachlässt? Über solche Fragen und Erfahrungen der Teilnehmenden wollen wir miteinander ins Gespräch kommen.

Arbeitsmethoden: prozess- und teilnehmerorientiert, Wechsel von informativen Teilen und kreativen Formen und Selbsterfahrungselementen

Teilnehmerzahl ist begrenzt auf 16 Personen

Sie haben einen lieben Menschen verloren. Sein Tod lässt sich nicht rückgängig machen. Monate sind schon vergangen (ein viertel Jahr sollte es zumindest her sein) und immer noch ist es schwer, mit dem Verlust zu leben …

Unser Seminar für Trauernde will ihnen helfen, auf gute Weise mit der Trauer umzugehen, sich und andere besser zu verstehen und zu suchen, welche Kraft der Glaube geben kann.

Referenten:

Dr. Wolfgang Holzschuh	Bildungsreferent / Diakon / Supervisor (DGSV)
Sabine Holzschuh	Mitarbeiterin beim Projekt Trauerforschung / Trauerbegleitung am Lehrstuhl für Pastoraltheologie – Universität Regensburg
Ort und Anmeldung:	Haus Werdenfels Waldweg 15 Eichhofen D-93152 Nittendorf Tel. 09404/9502-0 Fax: 09404/8023 E-mail: buero@Haus-Werdenfels.de www.Haus-Werdenfels.de

Den Kurs veranstalten Haus Werdenfels und die KEB Regensburg.

Marie-Luise Januszewicz

„Sorge Du für sie – wir geben sie in Deine Hände"

Überlegungen zu einem Abschiedsritus auf Krankenstationen für betroffene Mitarbeiter

1. Erfahrungen und Überlegungen

Wenn ein nahestehender Mensch verstirbt, löst das bei den Zurückbleibenden meist eine Krise aus. Diese stark belastende Situation, die sich auf ganz verschiedene Weise zeigen kann, nennen wir Trauer. So schlimm diese Situation auch sein mag, sie ist eine normale Reaktion auf diesen Verlust. Zeit und Raum sowie Verständnis der Umgebung benötigen die Betroffenen, um den Verlust zu begreifen, mit der Trauer zu leben und schließlich den Verlust in das eigene Leben zu integrieren. Mittlerweile wissen wir sehr gut, dass ungelebte Trauer sich nicht wegsperren lässt. Sie meldet sich immer wieder zurück und fordert die Aufmerksamkeit heraus, bis der Betroffene sie zulässt. Sie will und sie muss gehört und gesehen werden. Dabei geht es nicht nur um die unauffälligen, stillen Tränen, die man weint, sondern auch um Fragen, Klagen, Vorwürfe, Wut und Verzweiflung. Dafür aber braucht der Trauernde Menschen mit einem offenen Ohr und einem offenen Herzen: Menschen, die dies alles zulassen, zur Klage ermutigen und in Trauer und Schmerz Beistand geben. Nur wer ein „hörendes Herz" findet, wird sich getröstet fühlen. So kann Hoffnung keimen und stark werden.

Gleich zu Beginn meiner Tätigkeit als Krankenhausseelsorgerin erlebte ich öfter folgende Situation: Von den Patienten, von denen ich mich am Freitag ins Wochenende verabschiedet hatte, lebten am darauffolgenden Montag, als ich wiederkam, fünf nicht mehr. Das ereignete sich nicht selten auch während einer Nacht bis zum nächsten Morgen.

Diese Menschen waren plötzlich nicht mehr da. Und ich hatte gar nicht lange Zeit zum Nachdenken, denn die Betten waren wieder belegt mit neuen Patienten, die ihre Nöte und Sorgen mitbrachten und Begleitung und Beistand brauchten. Da auf den

Stationen, für die ich verantwortlich war (Neurologie, Strahlenabteilung, Onkologie mit integriertem Hospiz und später Palliativstation), die Sterberate hoch war, empfand ich ein Vakuum. Ich versuchte zunächst für mich selbst Formen zu finden, wie ich mich von diesen Menschen und aus unseren gewachsenen, oft sehr tiefen Beziehungen lösen konnte. Nur selten war es möglich, an der Beerdigung eines dieser Patienten teilzunehmen. Bei vielen Gesprächen mit Mitarbeitern auf den Stationen, aber auch in den Funktionsabteilungen erfuhr ich von ähnlichen Schwierigkeiten wie ich sie hatte. Gerade auf der Strahlenabteilung und der Onkologie baut man auf Grund der oft jahrelangen Behandlung mit häufigen Stationsaufenthalten ein sehr herzliches Verhältnis zu den Patienten und Angehörigen auf.

Auf dieser letzten Wegstrecke des Lebens suchen sich die Patienten auch meist einen für sie wichtigen Menschen aus, von dem sie sich Hilfe erwarten. Das sind nicht selten Mitarbeiter der Station. Dann erlebt man selbst, wenn auch nicht so wie die nächsten Angehörigen, Betroffenheit und Verlust.

Auch wenn jeder auf der Station Tätige, ob Arzt, Pflegende, Seelsorger oder Stationshilfe, sagen kann: „Wir haben das uns mögliche getan. Es war jetzt eine Erlösung, dass er oder sie sterben konnte“, es bleiben auch „Reste“: Gefühle, die diese Patienten auslösen, denn sie haben im Stationsgeschehen eine Rolle gespielt. Nicht immer haben alle den Menschen gleich erlebt. Nicht nur, dass jeder individuell seine Erlebnisse mit dem Verstorbenen hatte. Nein, auch die Arbeitsgruppe hat eine unverwechselbare Geschichte erlebt, die der Deutung bedarf. Jeder einzelne war und ist für jeden einzelnen bedeutsam und darf nicht einfach verschwinden. In den großen Gesprächsrunden der Stationen wurde über dieses Erleben kaum gesprochen. Doch, wohin gehen die Betroffenen mit ihren Empfindungen? Hilft ein schneller Trost oder kann man die Problematik möglichst schnell vergessen und verdrängen? („Sie hat es endlich geschafft. Ich muss mich abgrenzen! Ich will da gar nicht drüber nachdenken!“)

Es wuchs bei vielen Mitarbeitern der Stationen, aber auch bei den Verantwortlichen des Krankenhauses das Gespür für diese Not. Auf Fachtagungen, in der Fachpresse und in den Medien waren verstärkt Stimmen zu vernehmen, die sich zu diesen Problemen äußerten. Es wurde deutlich, dass diese Fragestellungen nicht Schwäche bedeuteten, sondern ein Zeichen für eine hohe Sensibilität auf die tatsächliche Situation hin darstellten. Auch in unserem Krankenhaus wurde im Pastoralrat(einem Gremium, das laut Satzung die Seelsorger unterstützen soll) über mögliche Wege nachgedacht. Ich möchte hier nicht auf die Form eingehen, die für das Krankenhaus insgesamt gefunden wurde. Sie betrifft mehr die Angehörigen der Verstorbenen und hat sich nun schon Jahre bewährt.

Als *Krankenhausseelsorgerin* erlebte ich die kompetenten Mitarbeiter, von denen sich alle immer perfektes professionelles Handeln erwarteten, die aber auch Menschen sind und in solchen Extremsituationen menschlich reagieren. Es war für die Stationsarbeit wichtig, in der Gemeinschaft eine Form zu finden, die für uns alle angemessen war. Inzwischen ist bekannt, welche psychohygienischen Maßnahmen in den helfenden Berufen dringend notwendig oder sinnvoll sind. Die meisten Mitarbeiter kennen bei längerer Berufstätigkeit sich und ihre Bedürfnisse inzwischen auch ganz gut. Viele haben ihren Weg gefunden, sich stabil zu halten. Ich möchte eine von mir praktizierte sinnvolle Form der Stationsarbeit hier vorstellen, die sich auf den Stationen bewährt hat. Bewusst war mir, dass wir auf den Stationen etwas anbieten sollten. Die Frage war: Was? Die noch schwierigere Frage war: Wie gewinne ich Interessenten dafür? Irgendwie hatte ich das Gefühl, ich muss auf einen günstigen Moment warten. Es muss so etwas wie ein Hunger danach entstehen, sonst bleibt das Ganze ein Strohfeuer. Die Gelegenheit bot sich, als ich nach einer längeren Krankheit zurück auf die Station kam und wir bei einem Schichtwechsel noch beieinander saßen und mir erzählt wurde, wie viele bekannte Patienten inzwischen verstorben waren und wie das mit den einzelnen gewesen ist. Als ich am Schluss sagte, ich würde jetzt gerne für diese vielen Verstorbenen, aber auch für alle Begleiter ein kurzes Gebet sprechen, taten alle mit. Der Wunsch: „Das müssten wir öfter machen", kam von allen Beteiligten. Es tat so gut sich auszutauschen. Man konnte sich ergänzen oder total unterschiedliche Erfahrungen mitteilen. Es war nichts von mir Herangetragenes, nein, es war der Wunsch der Mitarbeiter. Im

Lauf der Zeit nannten sie diese Treffen und Erinnerungsfeiern: „*Gedenke*". Bei diesem Namen blieb es.

Gedenke ... Wir gedachten bei diesen Treffen der Menschen, mit denen wir im Krankenhaus das Leben geteilt haben. Dabei war viel Leidenszeit, Bangen und Hoffen, Freude und Rückschläge, geschenktes Vertrauen oder misstrauische Ablehnung, viel Wut und Verzweiflung und ganz große Dankbarkeit. Mir, aber sicher nicht nur mir, sind viele Patienten zu Freunden geworden. Sie haben uns viel abverlangt und sie haben uns viel zugetraut und gegeben. Wir wären arm, wenn diese Menschen verschwunden, wenn all diese guten Gaben einfach mit dem Sterben weg wären. Unser Glaube schenkt uns die Verheißung, dass die Verstorbenen bei Gott leben. Sie sind in seiner Obhut und bei ihm geborgen. Wenn wir uns erinnern, dann erinnern wir uns, dass sie in neuer Weise bei Gott leben und in dieser neuen Weise auch uns nahe sind. Alle ihre Schmerzen und ihre Leiden hat der tröstende Gott von ihnen genommen und ihre Tränen getrocknet. Gerade die Leidenden sind Gott kostbar, weil Gott in seinem Sohn selbst gelitten hat. Und nur wer gelitten hat, versteht auch den Leidenden.

In der Messfeier begehen wir auch ein „Gedenke". Jesus selbst hat uns aufgetragen: „Tut dies zu meinem Gedächtnis." Wenn wir dieses Gedächtnis feiern, dann bedenken wir, was Jesu Leben, Leiden, Tod und Auferstehung uns bedeuten. Wir bestärken das durch den Satz: „Deinen Tod, o Herr, verkünden wir und deine Auferstehung preisen wir, bis du kommst in Herrlichkeit." Damit ist ein Bekenntnis gesprochen, das ein Weiterleben nach dem Tod anerkennt. Wer aber die Auferstehung Jesu anerkennt, glaubt auch an das Weiterleben der Verstorbenen nach dem Tod. Dann geht es bei Verstorbenen nicht nur um ein Weiterleben in unseren Gedanken und Herzen. Unser Gedenken bezieht sich nicht nur auf geteilte Lebenszeit und dankbare Erinnerung. Wir gedenken der Verstorbenen, weil wir sie ehren. Wir wollen sie noch einmal würdigen, ihnen danken, sie unserer Verbundenheit versichern. Gleichzeitig aber ist dieses „Gedenke" auch die gegenseitige Tröstung durch unseren Glauben. Wir sollen nicht trauen wie die, die keine Hoffnung haben. Dieses Glaubenszeugnis voreinander ist der Keim für eine lebenszugewandte Haltung in den Anforderungen des Alltags.

Wir haben auf einem großen Metallteller für jeden verstorbenen Patienten am Anfang der Feier ein Teelicht an der Osterkerze der Station entzündet und seinen Namen genannt. Dadurch waren sie alle präsent. Die Lichter standen auf dem breiten Rand des Tellers. Am Schluss der Feier wurden die Lichter in die Vertiefung des Tellers gehoben. Bevor wir das gemeinsam taten, sagte ich: „Wir haben uns um diese Patienten bemüht (ärztlich, pflegerisch, seelsorglich). Wir geben sie jetzt in Gottes Hände. Guter Gott, sorge du für sie." Danach wurde dieser Kerzenteller in die Kapelle getragen. Auf den Altarstufen brannten alle Kerzen bis zum Verlöschen. Diese Verstorbenen leben nun bei Gott. Sie werden uns immer nahe sein. Aber wir sind nicht mehr verantwortlich. Wir wenden uns neuen Herausforderungen mit Gottes Hilfe zu. Und irgendwann werden auch wir ihren Weg gehen.

Gedenke, es war wirklich die treffende Bezeichnung für dies Erinnerungsfeiern. Zunächst hatte ich ein Buch auf die Station mitgebracht und vorgeschlagen, dass darin alle Namen der Verstorben eingetragen werden. Unter dem Titel „Eingetragen in das Buch des Lebens" wurden von mir und bald darauf aber vom Stationspersonal Geburts- und Sterbedatum aufgeschrieben, eine Karte mit Blumen oder ähnliches dazugeklebt oder ein Spruch dazu geschrieben. Manchmal fand die Todesanzeige aus der Zeitung oder eine Danksagung an die Station ihren Platz. Diese Seite wurde je nach Zeit liebevoll gestaltet. Es wurde und wird bis heute viel darin geblättert. Auch Mitpatienten schauen mitunter in dieses Buch und spüren: „Da werde auch ich einmal stehen. Aber hier denken sie an mich, wenn ich nicht mehr am Leben bin." Auf der Palliativstation wurde es Brauch und ist es bis heute so, dass die Pflegekraft, die den Patienten intensiv betreut hat, auch die Seite im Buch für den verstorbenen Patienten gestaltet.

Im Abstand von etwa vier Wochen trafen wir uns im Aufenthaltsraum der Station. Nach den ersten von mir vorbereiteten Texten war auch das immer die gemeinsame Sache der Seelsorge mit jeweils anderen Schwestern. Wir überlegten, welche Texte wir auswählten und welche Texte bzw. welches Thema wir wählen wollten. Es nahm immer Bezug auf die erlebten Situationen, auf spezielle Vorlieben der Patienten oder auch auf die Jahreszeit.

So entwickelte sich ein gewisses Schema. Natürlich war das angelehnt an einen Wortgottesdienst. Mit Rücksicht auf die persönliche Glaubenssituation der verschiedenen Mitarbeiter war aber der Ablauf sehr offen angelegt. Hart taten sich die unter den Mitarbeitern, denen es unangenehm war, in diesem Kreis die zurückliegende Zeit zu reflektieren bzw. noch einmal manches Ereignis lebendig werden zu lassen. Da die Teilnahme freiwillig war, blieben diese Mitarbeiter auch weg.

Insgesamt war die Teilnahme gut. Auf manchen Stationen blieben diese Erinnerungsfeiern bis heute erhalten, auch ohne seelsorgliche Unterstützung. Was auf allen Stationen überdauert hat, sind die „Gäste-Bücher". Von *Martin Gutl* stammt das Gedicht:

Im Krankenhaus
„Hier wird gelitten.
Hier wird gebetet.
Hier wird geflucht.
Hier wird das große Wort zur Phrase.
Hier bleibt das Trostwort in der Kehle stecken.
Hier zeigt sich, was wirklich trägt.
Hier endet mancher Traum und beginnt der Glaube
an Kreuzigung und Auferstehung."

(Aus: M. Gutl, In vielen Herzen verankert, Verlag Styria, Graz 1996, Rechtsinhaber unbekannt)

Treffender kann man die Situation im Krankenhaus nicht beschreiben. Ich aber war in einem solchen Haus mit einer Botschaft und einer Überzeugung unterwegs. Mir lag daran, denen, die in diesem Hause wirkten, Raum und Zeit zu geben einander diese Hoffnung mitzuteilen, zu zeigen, was wirklich trägt.

2. Erinnerungsfeier

2.1 Vorbereitung

Wir sind nach der Übergabe des Frühdienstes an den Spätdienst im Aufenthaltsraum der Station versammelt. Auf dem Tisch befindet sich in der Mitte ein großer Metallteller. In der Vertiefung steht die selbstgebastelte Osterkerze. Auf dem weißgedeckten Tisch sind Hagebuttenzweige, Steine in verschiedener Größe und Gänseblümchen sowie die Teelichte verteilt. Wir versuchen die Hektik, die auf der Station herrscht, nicht an uns heran zu lassen (eine Kollegin hat Bereitschaftsdienst übernommen). Der Lärm ist aber nicht zu überhören. An der Tür ist ein Schild angebracht: „Bitte nicht stören!".

2.2 Innere Sammlung

Ohne Worte hören wir zunächst Musik. Gedanken kreisen in allen Köpfen. Manchen gelingt es ruhiger zu werden, manchen auch nicht. Draußen dröhnt der Stationslärm.

Ich versuche unsere Gedanken auf das hier und jetzt zu lenken. Wir dürfen uns diese Zeit jetzt nehmen. Wir schenken sie den verstorbenen Patienten. Wir schenken sie einander. Wir schenken sie uns. Wir schenken sie Gott. Es ist vorstellbar, dass im Verlauf der Feier der eine oder andere von Empfindungen überrascht wird, die er nicht vermutet hat. Hier darf das sein. Vielleicht kann ein anderer die Situation jetzt nicht aushalten und möchte aus dem Zimmer gehen. Auch das ist ohne große Erklärung möglich. Wenn jemand weinen muss, dann lassen wir ihn weinen. Erinnern löst sehr viel und belastet zugleich.

2.3 Begrüßung durch die Leitung der Erinnerungsfeier (Seelsorgerin)

Ich begrüße alle, die zu dieser Gedächtnisfeier gekommen sind. Christus, der alle unsere Wege mit geht, ist auch jetzt bei uns. Zum Zeichen dafür entzünde ich die Osterkerze.(Die Kerze wird entzündet.) Um uns zu erinnern, sind wir zusammen gekommen. Wir wollen uns die letzten vier Wochen ins Gedächtnis rufen. Diese Zeit war teilweise geprägt von Gefühlen und Erlebnissen, für die auf diesem Tisch Symbole liegen. Zweige sind verteilt. Die Stacheln, die an ihnen sind, können verletzen, Wunden reißen,

Blut fließen lassen und Schmerzen verursachen. Diese Zweige sind ein Symbol für alles Schmerzliche, was wir erlebt haben. Die Patienten, die wir begleitet haben, litten an Verletzungen, oft in unerträglichem Maß. Auch wir sind verletzt worden, manche Verletzung sitzt tief, manche blutet noch, manches wird noch lange weh tun. Von mancher Wunde werden Narben bleiben.

Aber auch Früchte sehen wir an den Zweigen. Trotz Schmerz und Leid oder vielleicht gerade dadurch haben manche von uns erleben dürfen, dass etwas oder jemand gereift ist – reif wurde. Möglicherweise sind das keine sichtbaren Früchte. Aber als Symbol sollen uns die Hagebutten erinnern, dass reif werden zum Leben gehört, auch zu unserem eigenen. Reif werden bedeutet, zu seiner Bestimmung zu kommen. Steine liegen auf dem Tisch, große und kleine. Sie liegen da, um alles Schwere, was wir zu tragen hatten und haben, anzudeuten. Es sind die Steine, die uns auf dem Herzen oder im Magen liegen. Es mögen winzig kleine Steine sein, die, wenn man sie im Schuh hat, doch empfindlich weh tun. Es mögen die Steine sein, die man uns nachwirft oder die wir selbst schon zum Wurf bereit in der Hand halten. Es mag der Stein sein vor den Gräbern unserer Herzen, den wir allein nicht beiseite schieben können. Dazwischen liegen Gänseblümchen, die uns von Kindertagen an vertraut sind. Sie kosten nur die Mühe, sie zu pflücken. Man findet sie fast überall. Sie sind pflegeleicht. Meist schenkt man ihnen wenig Beachtung . Im Krankenzimmer findet sich immer ein Plätzchen für sie, denn es sind nicht die riesigen Gebinde, hinter denen man sich so gut verstecken kann.

Sie sollen das Glück und die Freude symbolisieren, die uns bei unserer Arbeit geschenkt wurde und wird, und das wir durch unser Tun und Dasein auch oft erleben. Wie die unscheinbaren Gänseblümchen übersehen wir leicht die Freude und das Glück. Die Teelichte erinnern uns an die Verstorbenen, derer wir gedenken wollen. Mit jedem entzündeten Licht nennen wir einen ihrer Namen und stellen das Licht auf den Tellerrand.

2.4 Gebet mit anschließender Musik

Gebet

(von einem(r) TeilnehmerIn gesprochen)

Lebendiger Gott, wir sind jetzt zusammengekommen, weil die Patienten, für die wir gesorgt haben, die von uns behandelt und begleitet wurden, uns auch nach ihrem Tod bedeutsam und wertvoll sind. Wir schätzen und mögen sie.

Einige liegen uns besonders am Herzen. Mit manchem Patienten war die Zeit besonders schwer. Manchen sind wir nicht gerecht geworden. Jetzt sind wir hier, weil wir den Abschied, das Sterben und den Tod in unserer Arbeit und unserem Leben bewusst annehmen wollen. Sei du mit uns und lass uns erfahren, dass deine Kraft die Lebenden und Verstorbenen verbindet, jetzt und alle Tage unseres Lebens. Amen.

Musik

2.5 Lesung – Erinnern/Gedenken – Musik

Lesung

Joh 14,1-6

Erinnern – Gedenken

Wir haben gerade gehört, dass Jesus Christus uns bei seinem Vater einen Patz, eine Wohnung versprochen hat. Für jeden Menschen ist es ganz wichtig einen Platz zu haben – eine Bleibe.

Die Patienten hatten hier auf der Station über kurze, aber manche auch über ganz lange Zeit, ihren Platz bei uns. Und sie waren uns bekannt, namentlich bekannt. Der Name gehört zum wichtigsten Besitz des Menschen. Durch ihn erkennt man den Menschen. Den Namen erhält man von seinen Eltern oder dem Ehepartner, von Menschen, die wir lieben. Der Name schafft Gemeinschaft. Auch bei Gott haben wir einen Namen: „Ich habe dich bei deinem Namen gerufen, mein bist du!". Im Verstorbenengästebuch stehen die Namen der Patienten, die auf dieser

Station waren. Auch jene, die im Zeitraum der letzten vier Wochen verstorben sind. Wir wollen sie noch einmal laut verlesen. Sie sollen hier bei uns dadurch gegenwärtig sein.
(TeilnehmerIn verliest die Namen).

Musik

Die TeilnehmerInnen werden eingeladen, sich eines / r Verstorbenen zu erinnern und für diese(n) ein Licht anzuzünden und auf den Tellerrand zustellen.
„Ich zünde eine Kerze für N.N. an."

Wenn für alle Verstorbenen ein Licht brennt, dann ergeht die Einladung zu Gespräch und Austausch.
(Da die Gefahr besteht, dass das Gespräch diffus verläuft, habe ich Gesprächshilfen vorgegeben, die ich auf dem Tisch erst zu diesem Zeitpunkt aufgelegt habe: Es war gut … / Mich hat beruhigt … / Mich hat getröstet … / Ich war froh… / Ich möchte gern erzählen, …/ Ich muss noch einmal fragen, … / Ich denke immer …/ Mir ist schwer gefallen …/Für mich war schlimm … / Mir geht nicht aus dem Kopf … / Ich konnte schlecht ertragen …)

2.6 Fürbitten

Einladung eine spontane Formulierung auszusprechen.

- Für die Verstorbenen
  z. B.: Gott, du guter Vater, wir geben unsere Patienten in deine Hände. Sorge du für sie. Lass sie bei dir Heimat finden und schenke uns ein Wiedersehen bei dir.
- Für die Angehörigen der Verstorbenen
  z.B.: Jesus, dich hat das Leid der Menschen berührt. Lass die Angehörigen Trost und Hilfe finden in der Hoffnung, dass du keinen vergisst oder allein lässt, der sich dir anvertraut.
- Für die Schwerkranken im Haus
  z.B.: Jesus Christus, du Arzt und Heiland, schenke denjenigen, die erfahren dürfen, dass sich ihr Zustand bessert, Freude und Dankbarkeit. Stärke ihre Zuversicht und Hoffnung.

Jesus Christus, sei denjenigen, deren Leben zu Ende geht, nahe mit deiner Liebe und deinem Erbarmen, stärke ihr Vertrauen, damit sie ohne Angst und Verbitterung ihr Leben loslassen können.

– Für die Mitarbeiter der Station: Ärzte und Ärztinnen, Pflegende, Stationshilfen, SeelsorgerInnen
  z.B.: Die Arbeit mit Kranken und bei ihnen ist oft belastend und kräftezehrend. Hilf ihnen, dass die Schwere des Berufes sie nicht niederdrückt und lähmt, sondern lass sie Erfüllung in dieser Aufgabe finden, den Kranken gerecht werden und einen sinnvollen Ausgleich in ihrer Freizeit finden.

2.7 Vater unser – Verabschiedung – Segenswunsch

Vater unser

Von Jesus wissen wir, dass wir Gott Vater nennen dürfen. Darum lade ich ein zu beten: Vater unser …

Verabschiedung im Zeichen des Kreuzes

(Je nach der Anzahl der verstorbenen Patienten setzen bei diesem Gebet zwei oder drei TeilnehmerInnen die Teelichter in die Vertiefung des Tellers.)

Gemeinsam sprechen wir:

Im Zeichen des Kreuzes geben wir dich aus unseren Händen und legen dich in die Hand Gottes des Vaters.

Im Zeichen des Kreuzes vertrauen wir dich Jesus Christus an, der dich durch den Tod hindurch zum ewigen Leben führt.

Im Zeichen des Kreuzes bitten wir den Heiligen Geist um Kraft und Trost und um den Glauben, dass das Leben immer stärker bleibt als jedes Sterben.

Im Vertrauen darauf wollen wir diesen Teller mit den Kerzen in die Kapelle bringen. Sie sollen dort brennen, bis sie verlöschen. Wir aber wenden uns nun mit Gottes Hilfe anderen Menschen zu, die uns brauchen, sei es im Dienst, in der Familie, in der Nachbarschaft oder bei Freunden.

Segenswunsch

Möge dann und wann
deine Seele aufleuchten
im Festkleid der Freude.

Möge dann und wann
deine Last leicht werden
und dein Schritt beschwingt
wie im Tanz.

Möge dann und wann
ein Lied aufsteigen
vom Grund deines Herzens,
das Leben zu grüßen
wie die Amsel den Morgen.

Möge dann und wann
der Himmel
über deine Schwelle treten.

Wir begegnen in unserem Leben Menschen letztlich nur auf Zeit. Vielleicht begegnen wir uns, um uns reifer und reicher zumachen.
Gehen wir achtsam um mit den Menschen, denen wir begegnen, und mit der Zeit, denn wir wissen nicht, wie lange wir beides geschenkt bekommen.
Dazu segne uns der Vater, der Sohn und der Heilige Geist. Amen.

Gehen wir nun in Frieden !

Marlies Bernhard / Doris Kellner / Ursula Schmid

Begleitung frühverwaister Eltern – Pastorale und liturgische Impulse

1. Pastorale Impulse: Der Trauer Raum und Zeit geben

1.1. Trauerbegleitung in der Klinik

Begleitung von Eltern, deren Baby sterbend bzw. gestorben ist, bedeutet Begegnung in einer mit nichts zu vergleichenden Situation: Der Tod ist vor der Geburt eingetreten – Leben beginnt mit dem Tod – das neue Leben hat keine Chance. Mitten in einer Welt der High-Tech-Medizin gibt es nichts mehr zu tun. Dies ist vielleicht auch mit ein Grund, weshalb pastorales und liturgisches Handeln hier auf Grundvollzüge reduziert und zugleich zutiefst konzentriert wird: Dabeibleiben, Mit-Aushalten, Schweigen, Taufen, Segnen. Die im Folgenden beschriebenen Schritte der Begleitung können innerhalb einer Klinik auf den unterschiedlichsten Stationen geschehen: gynäkologische Station, Kreißsaal, Kinderintensivstation oder in einem Abschiedsraum. Basis für das pastorale und liturgische Handeln sollte ein „Konzept der kontinuierlichen Begleitung“[1] sein, d.h. durch Vernetzung, klare Absprache und Zusammenarbeit mit dem medizinischen und pflegerischen Personal kann den religiösen Wünschen und Bedürfnissen der betroffenen Eltern entgegengekommen werden. So gibt es letztlich nicht „den Profi“ in der Sterbe- und Trauerbegleitung. Da Eltern plötzlich vor vielen ungelösten Fragen stehen, mit denen sie sich vorher nie beschäftigt haben, ist es wichtig, dass sie in dieser haltlosen Situation von allen glciche Informationen und Hilfsangebote bekommen, die in der Klinik auch realisiert werden können. Nur so können Eltern Vertrauen fassen, sich geborgen fühlen und sich dadurch auf Wege einlassen, die sie sich vorher nie hätten vorstellen können, die sie sich selbst nie zugetraut hätten.

---

1 Dieses Konzept mit vielen Modellen aus der Praxis ist in dem Buch der Autorinnen: Wenn Eltern um ihr Baby trauern. Impulse für die Seelsorge-Modelle für Gottesdienste, Freiburg i.Br. 2003 beschrieben.

Nicht jedes Elternpaar und nicht jeder Elternteil bedarf der gleichen Hilfestellung. Ihre Bedürfnisse geben die Richtung und die Intensität der Begleitung an. Wird diese Individualität geachtet, vollzieht sich auch keine Wertung über die Form der Trauer und über die Tragweite des Erlebten. Die Individualität findet ihren Ausdruck auch in einem würdevollen Umgang mit dem sterbenden bzw. verstorbenen Baby.

Sterbebegleitung ist Wegbereitung dahin, dass die Eltern ihrem Kind die nächsten Sterbebegleiter werden können. Diese Wegbereitung geschieht behutsam, beinahe im Hintergrund. Wir können den Weg des Abschiednehmens nicht für die Eltern gehen, aber es ist möglich, das Warten auf den Tod durch äußere Gegebenheiten zu gestalten und zu erleichtern, Mut zu machen für Emotionen, vorsichtig Ängste zu nehmen, den Trauerweg zu ermöglichen Bei vom Tode bedrohten Kindern sowie bei extrem unreifen Frühgeborenen oder schwerst kranken Neugeborenen sollten Klinikseelsorger frühzeitig einbezogen werden. Sie können Mütter bereits in der Frauenklinik besuchen und auf die Kinderintensivstation begleiten. Als positiv hat sich erwiesen, wenn die SeelsorgerInnen in ärztliche Aufklärungsgespräche von Anfang an mit einbezogen werden. So können Folgegespräche mit den Eltern offener geführt werden; es bedarf dann keiner großen Worte oder Erklärungen, wenn einfach nur Bestürzung und Sprachlosigkeit herrschen.

Ist der Zustand des Kindes sehr kritisch, wird die Möglichkeit der Taufe angeboten. Durch die Namensgebung bei der Taufe wird das Kind für die Eltern vom „Frühchen“ zu einem individuellen Menschen. Durch ihre Teilnahme an der Taufe zeigen Schwestern und Ärzte, dass sie zu Mithoffenden, Mithilflosen und Mitbetenden werden. Dies ist für die Eltern von großer emotionaler Bedeutung. Nach einer Totgeburt kann ein Kind im Kreißsaal gesegnet werden und im Rahmen dieser liturgischen Handlung eine Namensgebung stattfinden. Für diese Situationen sollten Tauf- bzw. Segenskerzen in den jeweiligen Stationen vorhanden sein. Die Eltern bestimmen das Tempo ohne jeden äußeren Zeitdruck. Sie brauchen Zeit zum Abschiednehmen, sich vertraut zu machen mit ihrem Kind, das Da-sein ihres Kindes wahrzunehmen. Nur wo Beziehung war, ist ein bewusster Abschied möglich. Sterben kann so als Prozess vermittelt werden, es sollte ein leises Gehen sein.

Daher ist es gut, wenn die Kinder nicht mehr an den Monitor angeschlossen sind und möglichst in den Armen der Eltern sterben können, da Nähe zum Kind vor allem auch körperlichen Kontakt bedeutet.

Anschließend bekommen die Eltern Zeit und Raum, um in Ruhe – mit Begleitung oder auch alleine – so lange von ihrem Kind Abschied zu nehmen, wie sie möchten. Gut gestaltete räumliche Gegebenheiten ermöglichen es den Eltern, Scheu abzubauen, wie sie sich in dieser fremden Situation verhalten oder mit dem toten Kind umgehen möchten. Hilfestellungen beim Waschen und Anziehen des toten Kindes sollten in zärtlicher Form geschehen. In einem Abschiedsraum, so dieser in einer Klinik vorhanden ist, können Eltern auch eine Kerze entzünden und gemeinsam mit Angehörigen oder Freunden Zeit mit ihrem Kind verbringen. Wenn wir den Eltern sagen, sie können so von ihrem Kind Abschied nehmen, wie sie es zu Hause gern getan hätten, entstehen plötzlich eigene (religiöse) Riten, die Sicherheit geben. Auch Geschwister werden von uns in diese Phase miteinbezogen. Sie haben mit den Eltern auf „Ihr" Baby gewartet. Nur wenn sie den Abschied konkret mitgehen und vielleicht auch mit religiösen Formen gestalten können, besteht für sie die Möglichkeit, die eigene Trauer und die der Eltern anzunehmen und zu verstehen. Wenn möglich, sind die Besonderheiten von Religionen oder Kulturen zu erfragen und zu berücksichtigen. Als sehr hilfreich erweist es sich, wenn den Eltern als Erinnerung an ihr verstorbenes Kind ein Foto, ein Hand- bzw. Fußabdruck, eine Haarlocke oder das Namensschild des Kindes mitgegeben werden kann.

Die Sterbe- und Trauerbegleitung endet nicht mit dem Tod des Babys, denn Elternschaft stirbt qualvoll, langsam nach dem Tod des Kindes. Deshalb sollte die Seelsorge den Schritt in den Alltag mit Einzelgesprächen, Hilfe bei der Gestaltung der Beerdigung oder Vermittlung zu einer Selbsthilfegruppe begleiten.

1.2 Trauerbegleitung in der Gemeindeseelsorge

Aus Gesprächen mit Gemeindeseelsorgern wissen wir, wie belastend gerade auch sie den Tod eines Kindes erleben und wie viel an

Unsicherheit bei der Frage: “Was kann ich als Seelsorger in dieser Situation Hilfreiches sagen und tun?” entsteht. Eine erste Antwort könnte lauten: Dasein und die ohnmächtige, unendlich leidvolle Situation mit aushalten. Es geht nicht vorrangig darum, Antworten zu geben – bitte widerstehen Sie der Versuchung zu erklären oder dem Geschehen vorschnell einen Sinn zu geben! Vielmehr ist authentisches Dasein, Ihre Anteilnahme und als Angebot ein Segensgebet hilfreich. Auch konkrete Hilfestellungen können in dieser Situation gefragt sein. Was ist zu bedenken, bevor der erste Kontakt mit betroffenen Eltern stattfindet:

- Informieren Sie sich über Begleitungs- und Beratungsangebote für trauernde Eltern und erkundigen Sie sich über Abschiedsmöglichkeiten für betroffene Eltern in den Kliniken Ihrer Umgebung. Ermutigen Sie die Eltern, aktiv von ihrem verstorbenen Kind Abschied zu nehmen, indem sie es anschauen, berühren, ihm einen Namen geben u.v.m.
  Ferner sollten Sie über die aktuellen gesetzlichen Bestimmungen hinsichtlich der Bestattung für fehl- und totgeborene Babys in Ihrem Bundesland Bescheid wissen (zu erfragen in den Standesämtern).

Worauf wäre ferner zu achten:

- Eine zentrale Bedeutung im Trauerprozess kommt der Beerdigungsfeier zu. Deshalb sollten Eltern und Geschwisterkinder – soweit sie es wünschen – in die Gestaltung miteinbezogen werden. Das aktive Mitgestalten bietet den Eltern die Möglichkeit, ihrem verstorbenen Baby nochmals einen Dienst zu erweisen, und sie können ihrem Bedürfnis nach Zuneigung eine konkrete Gestalt verleihen.
- Bei der tiefen Trauer der Eltern besteht die Gefahr, dass die Geschwisterkinder in ihrer altersspezifischen Trauer kaum wahrgenommen werden. Erzieherinnen im Kindergarten und LehrerInnen sollten von den Eltern über den Tod des Geschwisterkindes informiert werden, damit ein verändertes Verhalten der Kinder gegebenenfalls richtig interpretiert werden kann.
- Die Begleitung betroffener Familien endet nicht nach der Beerdigungsfeier. Eltern, deren Kind früh verstarb, haben oft einen langen Trauerprozess vor sich, den der Seelsorger durch

Gesprächsangebote (sofern gewünscht!) und anderen Zeichen der Anteilnahme in den darauf folgenden Wochen und Monaten hilfreich unterstützen kann. Erwähnt sei hier das Gedenken auch der früh verstorbenen Kinder in Fürbitten, an Allerheiligen, in besonderen Gedenkgottesdiensten und durch die allgemeine Sensibilisierung der Gemeinde für den Trauerweg betroffener Familien.

Im Folgenden möchten wir noch auf die besondere Situation des Hausbesuches bei trauernden Familien eingehen. Nicht selten löst der Anspruch, als Priester für Trauernde Sorge tragen zu müssen (Grundvollzug der Diakonie) großes Unbehagen aus. Unsere Erfahrungen in der Arbeit mit betroffenen Familien sollen Sie ermutigen, auf die Trauernden zuzugehen, denn Trauernde haben oft nicht die Kraft, von sich aus um Hilfe zu bitten.

Worauf sollten Sie bei einem Hausbesuch achten und worauf müssen Sie sich möglicherweise einstellen?

- Besuchen Sie die Eltern nicht spontan, sondern fragen Sie, wann die Eltern Ihren Besuch wünschen.
- Während des Gespräches sind Sie mehr als Zuhörender und „Wahrnehmer“, denn als Ratgeber gefragt. Achten Sie die Bedürfnisse der Betroffenen. Starke, auch unterschiedliche Emotionen von Mutter und Vater (Verzweiflung, Wut, Hoffnungslosigkeit usw.) sollen Raum einnehmen dürfen.
- Wenn Eltern starke Schuldgefühle oder Schuldzuweisungen thematisieren, versuchen Sie nicht vorschnell dagegen zu argumentieren. Besonders im Hinblick auf das Gottesbild bedarf es eines langen Prozesses, bis die Enttäuschung über den anscheinend unbarmherzigen Gott sich wandelt hin zu einem treuen Gott, der niemanden im Stich lässt.
  Die Klage stellt eine heilsame Form der Trauerarbeit dar, die es auf jeden Fall zu unterstützen gilt.
- Entlastend für Sie als Seelsorger ist das Wissen, dass Sie auch in der Trauerarbeit nicht alles selbst leisten müssen. Verweisen Sie gegebenenfalls auf Literatur, Selbsthilfegruppen, auf Hilfen innerhalb der Gemeinde, oder andere kompetente Gesprächspartner (z.B. Beratungsstellen).
  Dies kann auch im Hinblick auf das Trauerverhalten der Geschwisterkinder wichtig sein.

Zusammenfassend lässt sich sagen, dass vorrangig, vor den genannten Punkten, die persönliche Haltung des Seelsorgers während des Gespräches zählt. Gehen Sie empathisch auf die Eltern ein und halten Sie das Nicht-Wissen, das Schweigen und die Ohnmacht im Gespräch mit aus. Diese Solidarität mit dem Erleben der Betroffenen gibt oftmals mehr Trost, als tausend Worte es vermögen!

2. Liturgische Impulse: Der Trauer Ausdruck und Sprache geben

2.1. Segensfeier mit Namensgebung bei totgeborenen Kindern[2]

Begrüßung im Abschiedsraum

Wir sind hierher, in diesen Raum gekommen, um Abschied zu nehmen von Ihrem Kind. Es war so sehr erwünscht und Sie beide haben so sehr gehofft, diesem Kind die Welt zeigen zu können. Diese Hoffnung ist nicht in Erfüllung gegangen. Wir wissen nicht, weshalb Ihr Kind nicht leben durfte. Wir verstehen nicht, weshalb dies alles so gekommen ist und welchen Sinn dies alles haben soll. Wir können nur darauf hoffen, dass Sie später einmal für sich darauf eine Antwort finden werden.
Im Augenblick überwiegt für Sie die Trauer und der Schmerz über den Tod Ihres Kindes.

Segnung

Wir wollen Ihr Kind segnen:
Gott behüte dich, Menschenkind,
das du die Welt nur für einen Augenblick berührt hast.
Dein Leben war nur ein Hauch.
So gehe jetzt ein in den Hauch Gottes, der dich umhüllt.
Jesus selbst versprach uns Wohnungen im Hause seines Vaters.
Dort bist du geborgen in der Liebe Gottes.

---

2 Bernhard/Kellner/Schmid, a.a.O. S.75; dort weitere Modelle für Segensfeiern bei tot geborenen Kindern.

Es segne und behüte dich der Vater, der Sohn und der Heilige Geist. Amen.[3]

Entzünden der Kerze

Das Lebenslicht Ihres Sohnes/Ihrer Tochter ist für immer verloschen, noch ehe es richtig zum Brennen kam. Wir wollen für N. diese Kerze entzünden.
Ihr Licht soll Ihre Trauer heller machen und es soll ein Zeichen dafür sein, dass das Licht Ihres Kindes immer in Ihrem Herzen brennen wird.
Wir nehmen Abschied von Ihrem Kind in der Hoffnung, dass es in Gottes Liebe geborgen ist und dass es eine Zeit geben wird, in der Sie wieder vereint sein werden.

Gemeinsames Gebet: Vater unser

Segen über die Eltern

Gott segne Sie beide auf dem dunklen und schmerzhaften Weg durch die Trauer.
Er schenke Ihnen Kraft und Mut und lasse Sie immer wieder seine Nähe spüren.
Er führe Sie auf dem Weg der Dunkelheit hin zum Licht einer neuen Zukunft.
So segne Sie Gott, der Vater, der Sohn und der Heilige Geist. Amen.

2.2 Beerdigungsfeier für totgeborene Kinder

In der Aussegnungshalle

Eröffnung und Begrüßung

Im Namen des Vaters und des Sohnes und des Heiligen Geistes. Amen.

---

3 Nach F. Dethloff-Schimmer, Seelsorgerliche und homiletische Hilfen beim Tod eines Kindes, Gütersloh 1996, S. 22.

„Gott ist denen nahe, deren Herz traurig und bedrückt ist."(Psalm 34,19)

Mit diesem Hoffnungssatz aus der Bibel begrüße ich Sie, liebe Frau N., lieber Herr N., liebe ......,
Wir sind heute hier zusammengekommen, um Abschied zu nehmen von Ihrem/r kleinen N.. Er/ sie war zu krank (zu klein), um leben zu können. Ein schwerer Weg. Manchmal werden uns in unserem Leben solche schweren Wege zugemutet, Wege, die wir nie gehen wollten. Mit dem Verlust eines Babys steht das ganze bisherige Leben auf dem Kopf. Trauer ist da, tiefer Schmerz, Verzweiflung, Fragen, Leere.
(Seelsorger / in nimmt eine oder mehrere Blütenknospen, die am Ambo bereit liegen, in die Hand).
Ich habe Blütenknospen mitgebracht. Diese Rosenknospen sind für mich ein Zeichen und Sinnbild geworden für das kurze und verborgene Leben Ihres/r N. im Schoß seiner Mutter, für sein/ihr kurzes Leben auf dieser Welt. Wie eine Knospe vieles von ihrem Geheimnis verborgen hält, so ist vieles von Ihrem Kind verborgen geblieben. Wie diese Knospen noch nicht entfaltet sind und doch alles Leben bereits in sich bergen, so konnte sich das Leben Ihres/r N. nicht entfalten auf dieser Welt. Und wie diese Knospe ein Geheimnis ist, so ist das Leben und der Tod Ihres Babys ein Geheimnis. Dieser Tod lässt Sie zurück mit gebrochener Hoffnung , großer Trauer und mit unendlicher Sehnsucht und Liebe für Ihr Baby in Ihrem Herzen. Vielleicht fühlen Sie sich wie „blumenlos gewordene Gärtner" (*Nelly Sachs*[4]).
In diesen großen Schmerz hinein darf ich Ihnen die Verheißung unseres Glaubens sagen, dass Ihr/e N. bei Gott zur Entfaltung und Vollendung kommt, dass Ihr/e N. geborgen ist in der großen Liebe, die Gott ist, auch wenn wir diesen Gott heute nicht begreifen können.
Für Sie, liebe Eltern, erhoffe und erbitte ich: mögen sich die geschlossen gebliebenen Knospen Ihrer Hoffnung wieder öffnen.

---

4 N. Sachs, Chor der Tröster, Frankfurt a. M., S. 38

Gebet

Wir beten für Sie, liebe Eltern, und für uns alle:

Unbegreiflicher Gott, wir erfahren Dunkelheit und Leid, unser Herz ist erfüllt von Trauer. Mit leeren Händen stehen wir vor dir, wir bleiben durch den Tod des/r kleinen NN. zurück voller Fragen, voller Schmerz, voller Traurigkeit, voller Sehnsucht.

Wir bitten dich: Nimm du uns in deine Hände, birg uns im Schatten deiner Flügel (Psalm 17,8). Wenn wir jetzt von N. Abschied nehmen, stärke in uns die Hoffnung, dass die Liebe stärker ist als der Tod. Amen.

Wir beten für den/die kleine/n N. und segnen ihn/sie:

Besprengung des Särgchens mit Weihwasser:

✞ In diesem Zeichen des Kreuzes geben wir dich aus unseren Händen und legen dich in die Hand Gottes.

✞ In diesem Zeichen des Kreuzes vertrauen wir dich Christus an, der dich durch den Tod zum Leben führt und dein Leben vollendet.

✞ In diesem Zeichen des Kreuzes bitten wir um Gottes Heiligen Geist, um Kraft und Trost und den Glauben, dass das Leben und die Liebe stärker bleiben als der Tod. Gottes Geist möge ewiges Leben in dir erwecken. Amen.

Gehen zum Grab. Ein Angestellter des Friedhofs oder auch ein Elternteil tragen das Särgchen. Dabei läutet die Friedhofsglocke.

AM GRAB

Hinführende Gedanken

„Jedes Leben ist in der Tat ein Geschenk, egal wie kurz, egal wie zerbrechlich. Jedes Leben ist ein Geschenk, welches für immer in unserem Herzen weiterleben wird.“[5]

Wenn wir heute Abschied nehmen von Ihrem/r N., wenn wir seinen/ihren Körper ins Grab legen, zeigen wir, wie wichtig und wertvoll er/sie ist und dass er/sie immer in Ihrem Herzen einen liebevollen Platz haben wird. Und ich darf Ihnen die Verhei-

5 H. Lothrop, Gute Hoffnung- jähes Ende. Fehlgeburt, Totgeburt und Verluste der frühen Lebenszeit. Begleitung und neue Hoffnung für Eltern, München 1998, S. 92.

ßung unseres Glaubens weitersagen, dass N. für immer einen Platz bei Gott gefunden hat.

Gebet

Gott, du hast gesagt, dass du denen nahe bist, die zerbrochenen Herzens sind. Im Vertrauen auf diese Worte kommen wir zu dir, traurige, bedrückte Eltern, (Großeltern, Geschwister, Angehörige, Freunde). Lass uns Trost finden im Vertrauen, dass du N., so wie jeden von uns, beim Namen kennst und uns einen Platz bei dir gibst. Amen.

Entzünden einer Kerze

Wir entzünden am Grab von N. ein Licht. Wie ein kleiner Lichtstrahl war er/sie, wie eine Sternschnuppe. Wir bitten dich, lebendiger Gott, schenke N. alles Licht und alles Leben in Fülle, nimm ihn/ sie auf in dein ewiges Licht. Amen.

Evangelium

Johannes 14,1-4

Ansprache

Dieser Text spricht von einem Platz, einer Wohnung, die für uns bei Gott bereitet ist. Einen Platz haben, eine Wohnung, einen Ort der Geborgenheit, Heimat – wie sehr wünschen wir es für unser Leben und wie sehr brauchen wir es. Wie sehr haben Sie sich dies auch für Ihr Kind gewünscht: ihm einen Platz zu geben in Ihrer Familie. Und ich denke, Ihr Baby hatte während der Schwangerschaft bereits einen Platz bekommen in Ihrem Leben. Es gehörte in seiner Verborgenheit zu Ihnen, Ihrem Fühlen, Ihrer Phantasie, Ihrer Zukunft. Es ist ein Teil Ihrer Geschichte.
Der Tod Ihres Kindes hat alles Planen und Hoffen durchkreuzt und vieles auf den Kopf gestellt. Wenn Ihnen die schwere Aufgabe zugemutet wird, Ihr Kind herzugeben, möge es Ihnen zum Trost werden, dass N. einen unvergänglichen Platz in Ihrem Herzen haben wird, den er/sie sich in seinem/ihrem kurzen Leben für immer erobert hat. Und ich darf Ihnen die Verheißung unseres Glaubens weitersagen, dass N. einen Platz bei Gott gefunden hat. Amen.

Fürbitten

- Barmherziger Gott, lass die Eltern von N. Hilfe finden in ihrer Trauer und Menschen, die ihnen jetzt gut tun und sie verstehen.
- Lebendiger Gott, ich bitte für den/die kleinen/e N., unseren kleinen Bruder/ unsere kleine Schwester: möge sein/ihr Leben zum Blühen kommen bei Gott.
- Treuer Gott, ich bitte für die Eltern von N.: möge inmitten des Dunkels Licht in ihnen werden, mögen sie in ihrem Schmerz Zeichen der Liebe und des Lebens erfahren, mögen sie inmitten ihrer Traurigkeit immer auch Spuren der Hoffnung und Zuversicht finden.

(oder alternativ: Gebet am Schluss dieser Ausführungen)

Gemeinsames Gebet: Vater unser ...

Wasserritual

Lebendiger Gott, wie das Wasser Sinnbild ist für das Leben, so bitten wir für N.: Schenke Du ihm/ihr das Leben in Fülle und Vollendung in dir. Amen.
Oder alternativ:
Leben und Tod sind eins, wie der Fluss und das Meer eins sind. N., so sei du eingetaucht in das Wasser des ewigen Lebens. Amen. (*Seelsorger/in schöpft mit der Hand aus der Schale mit geweihtem Wasser und gießt es auf den Sarg*)

Erdritus

Alles, was zerfällt, gehört der Erde.
Doch alles, was uns lieb ist, gehört dem Himmel.
Nimm Erde – den Staub,
nimm Himmel – N., dieses kleine Menschenkind.[6]
(*Die Angehörigen und die Trauergemeinde sind eingeladen, sich symbolisch mit Wasser und Erde am Grab von dem Kind zu verabschieden.*)

---

6 Nach A. Rotzetter, Gott, der mich atmen lässt. Gebete des Lebens, Verlag Herder, Freiburg . Br. 1985 (2001), S. 244.

Segensworte

Gott, mehr denn je brauchen wir heute deinen Segen.
In unserem Schmerz, in unserer Ohnmacht, in unserer Verunsicherung lass uns ertasten, wie Du da bist, trotz allem.
Schenke uns Deinen tröstenden Segen jeden Tag neu,
damit wir in uns erfahren, wie die Liebe stärker ist als der Tod.
Schenke uns deinen tröstend heilenden Geist.
So segne uns Gott Vater, Sohn und Heiliger Geist. Amen.

2.3 Modell eines Gedenkgottesdienstes für verstorbene Babys

In Kliniken und in Gemeinden werden Gedenkgottesdienste für verstorbene Kinder sehr gerne angenommen. Der zweite Sonntag im Dezember, an dem weltweit der verstorbenen Kinder gedacht wird (Worldwide Candle Lighting), bietet sich für einen solchen Gottesdienst an.

Die folgende Liturgie wurde in der Klinikkapelle im Klinikum Augsburg als ökumenischer Gottesdienst gefeiert. Die Eltern werden gezielt dazu eingeladen. Zuweilen ist ein nichtkirchlicher Raum eher angebracht im Blick auf die kirchlich unterschiedliche Nähe bzw. Ferne der Teilnehmer. Eine gute musikalische Gestaltung durch einen Chor erweist sich als sinnvoll. Im folgenden Modell werden die Lieder nicht berücksichtigt. Nach dem Gottesdienst sind alle eingeladen zu Gespräch bei Kaffee und Kuchen.

Kreuzzeichen

Wir beginnen diesen Gottesdienst: „Im Namen des Vaters und des Sohnes und des Heiligen Geistes. Amen.“

Begrüßung und Hinführung

Liebe Eltern, liebe Kinder, liebe Angehörige und Freunde,
Ich begrüße Sie – auch im Namen meiner Kolleginnen und Kollegen – recht herzlich zu diesem Gottesdienst hier in unserer Kapelle. Gemeinsam denken wir an Ihre verstorbenen Kinder.
Mögen Sie Kraft und Licht und Trost finden heute in dieser Gemeinschaft, im gemeinsamen Beten und Singen, in Worten und im Segen Gottes.

Durch diesen Gottesdienst begleitet uns die biblische Erzählung von Noach, der nach der großen Flut in seiner Arche sehr lange warten muss, bis ihm die Taube als erstes Lebenszeichen einen Ölzweig bringt und er im wahrsten Sinn des Wortes wieder auf einen grünen Zweig kommt und wieder an Land gehen kann: eine Symbolgeschichte für einen Trauerweg.

Gebet

Schmerzlich entbehre ich, was du mir genommen hast, Gott.
Aber ich stehe nicht mehr gegen dich auf.
Immer noch weine ich, aber ich spüre, es wird ruhiger in mir.
Eine stille Dankbarkeit beginnt zu wachsen
auf dem Grunde der Tränen.
Vielleicht, dass es nie mehr sein wird, aber dass es war,
dieses Schönste kann niemand mir rauben.
Mag ich auch ein Verwundeter bleiben, so glaube ich doch,
dass ich eines Tages über die Klage hinauswachsen werde.[7]

Entzünden von Erinnerungslichtern

(*Einladung, das Teelicht, das jede/r am Eingang erhalten hat, in Erinnerung an das verstorbenes Kind an der Osterkerze zu entzünden und an den vorbereiteten Platz im Altarraum zu stellen. Diese „Prozession" mit Instrumentalmusik begleiten.*)

Lesung

Gen 7,12.24; 8,1-16

Dialogpredigt

Sprecher/in 1:
Diese alte Geschichte von Noach und seiner Familie in der Arche wurde für uns zur Geschichte eines Trauerweges.
Sprecher/in 2:
Ich bin Noach – ich habe keinen festen Boden mehr unter den Füßen. Die Katastrophe hat mir alles genommen. Es ist kein Land in Sicht – es ist kein Gott in Sicht. Verzweifelt versuche

7 A. S. Naegeli, Die Nacht ist voller Sterne. Gebete in dunklen Stunden, Verlag Herder, Freiburg i. Br. 1987 (neu: 2001) , S. 44.

ich zu retten, was zu retten ist. Ich ziehe mich völlig zurück in den engen, dunklen Raum der Arche.

Sprecher/in 1:

Vielleicht erinnert Sie dieses Bild an die erste Zeit nach dem Tod Ihres Kindes. Die Wogen der Trauer schlagen über einem zusammen – das frühere Leben scheint untergegangen. Ich ziehe mich zurück wie in eine Arche – meine verletzte Seele braucht diesen Schutzraum, um die Katastrophe zu überleben.

Sprecher/in 2:

Ich bin Noach und brauche lange Zeit, um ein Fenster meiner Arche zu öffnen. Ich schicke einen schwarzen Raben hinaus; er fliegt ein und aus, ohne Trost oder Hilfe zu bringen.

Sprecher/in 1:

Es dauert oft sehr lange, bis ich mich als Trauernder wieder öffnen kann. Ich unternehme erste zaghafte Versuche, wieder am Leben teilzunehmen. Ich suche vielleicht Kontakte, fühle mich aber nicht verstanden. Ich stelle fest, dass ich nicht mehr der alte Mensch bin. Nichts passt mehr. Und es gelingt noch nicht, eine Verbindung zur Normalität herzustellen.

Sprecher/in 2:

Ich bin Noach und ich gebe nicht auf. Jetzt schicke ich eine Taube aus und mit ihr meine ganze Sehnsucht nach Leben. Ich habe Erwartungen und leise Hoffnungen. Und diese Taube bringt mir einen Ölzweig – Zeichen für neues Leben auf neuem Land.

(*Nimmt Olivenzweig in die Hand.*)

Sprecher/in 1:

Auf dem Trauerweg brauche ich viel Geduld – geduldig immer wieder meine Lebensfenster öffnen und Ausschau halten. Viele Versuche sind nötig. Und ich muss es immer wieder trotz allem probieren.

(*Nimmt Olivenzweig in die Hand.*)

Und dann wird mir ein kleiner Zweig in die Hand gelegt: ein Hoffnungszeichen. Ich spüre, dass ich wieder auf einen grünen Zweig kommen werde. In mir wächst die Gewissheit, dass ich dem Leben wieder leise trauen darf.

Sprecher/in 2:
Ich bin Noach und jetzt habe ich sogar die Kraft, das Verdeck der Arche abzubauen. Ich kann meine Umwelt wieder wahrnehmen und Gott hören und meine Arche verlassen.
Sprecher/in 1:
Jetzt erst kann ich wieder mit allen Sinnen wahrnehmen. Jetzt erst kann ich neues Land sehen, Leben spüren. Jetzt erst kann ich vielleicht wieder etwas von Gott hören, der lange Zeit für mich im Dunkeln war. Jetzt erst kann ich meine Trauerarche verlassen und habe den Mut, eine neue Zukunft anzupacken. Wenn ich zurückblicke, war ich mehr als ein Jahr auf der Trauerarche. Jetzt gehe ich mit meinem Ölzweig auf neues Land zu.

Fürbitten

(gemeinsam gebetet)
Sprecher:
Gott, wie Noach fühlen wir uns oft wie in einer Trauerarche und halten Ausschau. Höre unser Rufen und Klagen und Hoffen:
Alle:
Mein Herz ist schwer, in mir sind so viele Fragen,
möge ich stille werden, um nach und nach Antworten zu hören,
möge ich durch Aufruhr hindurch zu Frieden finden,
möge ich im Chaos Ordnung erkennen,
möge inmitten des Dunkels Licht in mir werden,
möge ich in meiner Traurigkeit Trost empfangen,
möge ich an Leib und Seele wieder heil und weit werden,
möge ich mich inmitten des Schlimmen getragen fühlen,
möge ich in meinem Schmerz die Liebe erfahren,
möge ich wieder festen Boden unter den Füßen finden,
möge ich in meiner Verletzlichkeit Deine Kraft in mir spüren,
möge ich einen grünen Zweig der Hoffnung empfangen,
möge neues Leben und neuer Geist entstehen.[8]
Amen.

8 Nach Lothrop, S.325.

Einladung zur persönlichen Segnung und zum Überreichen eines Olivenzweiges

(Begleitend dazu Instrumentalmusik)

Die Gottesdienstteilnehmer/innen werden eingeladen, nach vorne an einen der Segnungsorte zu kommen, wo sie von je zwei Seelsorger/innen erwartet werden. Dort wird jedem ein Kreuzzeichen in die Handinnenfläche gezeichnet und ein persönliches Segenswort zugesprochen: z.B. „Gott segne und behüte Dich“ oder „Gott schenke Dir Licht und Hoffnung“.

Während ein Seelsorger segnet, legt der andere seine rechte Hand auf die Schulter des Menschen, der gesegnet wird, und überreicht ihm dann einen Olivenzweig.

Gemeinsames Gebet: Vater unser

Schlusssegen

Die Geschichte von Noach endet mit einem verheißungsvollen Zeichen und Symbol: Gott setzt den Regenbogen an den Himmel als Zeichen des Neuanfangs und der Versöhnung, als Zeichen des Segens und des Bundes zwischen Gott und allen lebenden Wesen.

Bitten wir Gott um diesen Segen:
Gott, Du Verheißung unseres Lebens.
Wölbe Dich wie ein Regenbogen über den heutigen Tag.
Zeig uns die sieben Farben Deines Lichtes:
die Liebe, die Gerechtigkeit, den Glauben, die Hoffnung,
die Treue, die schöpferische Kraft, die Vergebung.
Lass uns froh werden mitten am Tag.[9]
Das gewähre uns der gute und treue Gott,
der Vater, Sohn und Heilige Geist. Amen.

Weitere Modelle für Gottesdienste (Tauffeiern in Krisensituation, Segensfeiern für totgeborene Kinder, Beerdigungen, Gedenkgottesdienste), Gebete, Texte sowie die Beschreibung von Initiativen (Gestaltung von Kindergräbern und Abschiedsräumen) finden sie im Buch der Autorinnen.

---

9 Nach Rotzetter, S. 50ff.

Sabine Holzschuh

Von der Notwendigkeit eines Abschiedsraumes – Für eine menschenwürdige Trauerkultur

1. Schilderungen eines trauernden Angehörigen

Es ist 20 Jahre her. Herr Meier[1] war ein junger Mann, der einzige Sohn. Zu seinem Vater hatte er ein gutes Verhältnis. Die beiden spielten gern Fußball zusammen und unternahmen auch sonst viel miteinander; vor allem am Wochenende. An den Tag, an dem alles anders wurde, erinnert er sich genau: Die Mutter ruft ihn in der Arbeit an, er soll schnell kommen – gleich ins Krankenhaus, mit dem Vater ist was. Er funktioniert sofort, steigt ins Auto, fährt direkt hin. Die Mutter wartet schon. Sie erzählt ganz kurz, dass der Vater einen Herzinfarkt erlitten hat. Sie hat ihn noch nicht gesehen, mit ihrem Sohn will sie hingehen. Sie fragen nach ihm. Jetzt ist er tot, sagen sie. Sie gehen zu ihm. Auf dem Gang steht ein Bett. Der Mensch, dem es gehört, ist mit einem weißen Leintuch zugedeckt, bis über den Kopf. Das ist er, sagen sie. Beide stehen da. Die Mutter und er haben nicht den Mut nachzusehen. Beide stehen stumm da, die Betriebsamkeit um sie herum geht weiter. Wie lange sie dagestanden sind, weiß er nicht mehr. Irgendwann sind sie gegangen, ohne ihn gesehen zu haben, ohne mit ihm ein Wort geredet zu haben. Der Kleider- und Wäschesack neben dem Bett bleibt ihm in Erinnerung.

20 Jahre später ist es wieder soweit. Dieses Mal stirbt die Mutter. Eigentlich wusste Herr Meier, dass es irgendwann schnell gehen kann. Sie hat schon lange gekränkelt. Wenn er es recht bedenkt, eigentlich schon seit Vater nicht mehr da war. Der Gedanke ließ ihr einfach keine Ruhe, dass der Mensch auf dem Gang nicht ihr Mann war; sie glaubte das felsenfest und hat lange auf seine Rückkehr gewartet. Jetzt der Anruf, sie musste ins Krankenhaus eingeliefert werden und ist plötzlich verstorben. Sie konnten nichts tun. Die Bilder von vor 20 Jahren sind sofort wieder da – die

1 Der Name wurde geändert.

Ohnmacht, die Wut und eine riesengroße Angst, dasselbe noch einmal zu erleben. In der großen Eingangshalle erkundigt er sich nach ihr. Sie ist schon in der Pathologie, sagen sie. Aus Filmen weiß man ja, was einen da erwartet: Keller, Fliesen, Neonlicht. Die Anspannung ist groß. Sie können ihre Mutter sehen, sagen sie. Im Haus gibt es einen Abschiedsraum. Er ist hingegangen.

2. Tod und Abschied – menschliche Grunderfahrungen

Das Leben ist durch den Tod begrenzt. Der Tod ist „der" Stachel im menschlichen Erfahrungsbereich. Auch wenn er in der modernen Welt verdrängt, negiert, rationalisiert oder mit Gleichgültigkeit abzuwehren versucht wird, alle Menschen müssen dennoch sterben. Der eigene Tod ist der Erfahrung der Lebenden entzogen, allein die Erfahrung des Todes anderer findet im Leben Platz. Dabei ist die wahrnehmbare Verbindung zum Tod eine vermittelte: über den Leichnam. Mit dem Verstorbenen geht seine einzigartige Geschichte – unwiederbringlich. Und mit ihr wird denen, die zurückbleiben, ein Stück eigener Geschichte, die mit diesem Menschen verflochten ist, entzogen. So hinterlässt der Tod, besonders von lieben Menschen, eine nie wieder aufzufüllende Lücke in der Welt; er kommt vielleicht sogar eigener Todeserfahrung nahe. Mit dem Tod der Nahestehenden müssen Menschen leben lernen. Abschied nehmen ist dabei ein wichtiger Schritt ins Leben hinein: Abschied hat mit „scheiden" und „schneiden" zu tun – was vorher verbunden war, gerät auseinander. Leben besteht von Beginn an in beständigem Abschied nehmen und – damit auch in Neuaufbrüchen. Vielleicht fällt der Abschied leichter, wenn die Trennung selbst gewählt und initiiert wird. Der Tod eines lieben Menschen wird jedoch weder angestrebt, noch werden die Angehörigen um ihre Einwilligung gebeten. Sie müssen die Liebgewonnenen hergeben und den Tod hinnehmen. Schock, Nicht-wahr-haben-Wollen, Verleugnung und Festhalten als erste Trauerreaktionen stellen sich ein; besonders bei denen, die unvermittelt, völlig unerwartet damit konfrontiert werden. Reißt der Tod Menschen brutal aus dem sozialen Netz von Familie, Verwandten und Freunden heraus, bleibt für den Abschied nicht viel Zeit – in der

Regel nur ein paar Tage bis zur Bestattung. Mehr Zeit haben die, die langsam auf den Tod zugehen. Sie haben die Möglichkeit, sich mit dem „Abschied-nehmen-Müssen“ auseinander zusetzen.

Mit dem Eintritt des Todes ist der Abschied für die Zurückbleibenden bedeutsam[2]: Wenn diese den Verstorbenen gegenübertreten und ihnen durch einen letzten Blick und eine letzte Berührung begegnen, können sie den Tod sinnlich be-greifen. Die fühlbare Kälte und die wahrnehmbaren Veränderungen am Leichnam machen deutlich, dass diese wirklich tot sind und der Abschied endgültig ist. Die unmittelbare Begegnung beim Abschied wirkt sich positiv auf den weiteren Trauerverlauf von Angehörigen aus, denn vom Standpunkt der Bewältigung von Trauer wird bereits früh die Beschäftigung mit dem Verlusterlebnis angestoßen. Angehörige können durch die sinnenhafte Todeswahrnehmung an der Tatsache des Verlustes nicht vorbei. Diese Begegnung mit dem Verstorbenen ruft heftige Gefühle hervor, die schon zu Beginn zugelassen und gleich einem Berg an Emotionen „abgetragen“ werden können. „Von Angesicht zu Angesicht“ kann sich auch der gemeinsame Lebensbogen noch einmal entfalten. „Ich konnte noch sagen,

---

2 Durch den konfrontierenden Umgang konnten Störungen in der Elterntrauer (z.B. schwere seelische Beeinträchtigungen der Mutter, Verhaltens- und Gesundheitsstörungen bei Geschwistern, ungünstige Beeinflussung der weiteren Familienplanung, psychosomatische Verursacher von Störungen bei erneuter Schwangerschaft) aufgrund eines Kindstodes vor, während und nach der Geburt verringert werden. Der konfrontierende Umgang geht zurück auf Johan Cullberg, der für Schweden nachweist, dass die Trauerzeit häufig kurzer ist, wenn die Möglichkeit besteht, emotionale Erregung auszudrücken. Durch die unmittelbare Begegnung mit dem Verstorbenen werden derartige Zustände und psychische Reaktionen hervorgerufen (vgl. Cullberg, J., Mental reactions of women to perinatal death, in: Morris, N. [Hg.], Psychosomatic medicine in obstetrics and gynaecology, Basel/München/Paris/London/New York/Sydney 1972, 326-329).
In einer Studie, an der 44 Witwen, Witwer und verwaiste Eltern beteiligt waren, die 18 Monate zuvor bei einem Zugunglück Partner bzw. Kinder verloren hatten, wird berichtet: nur acht Trauernde hatten die Möglichkeit gehabt, sich vom Toten zu verabschieden. 22 Trauernde bereuten später, dies versäumt zu haben. Ihnen fiel es besonders schwer, die Realität des Todes zu begreifen (vgl. Singh, B./Raphael, B., Postdisaster morbidity of the bereaved. A possible role for preventive psychiatry?, in: JNervMdis 169 [1981] 203-212).
Ein Gerichtsmediziner äußert sich zu seinen Erfahrungen bezüglich der Abschiednahme von Hinterbliebenen: vgl. Geserick, G., Besucher des „Leichenschauhauses“ in Berlin-Mitte. Eindrücke und Gedanken eines Gerichtsmediziners, in: Stefenelli, N. (Hg.), Körper ohne Leben. Begegnung und Umgang mit Toten, Wien/Köln/Weimar 1998, 377-384, bes. 381-383.

was mir auf dem Herzen lag", meinte eine Witwe, die sich von ihrem Ehemann verabschiedet hat. Positives in der Beziehung kann an Kraft gewinnen und Negatives an Kraft verlieren. Da das letzte Bild vom Verstorbenen für Angehörige zum ersten Bild in der Trauer wird, ist die Abschiednahme vor allem für diejenigen von großer Bedeutung, die den Verstorbenen plötzlich verloren und/oder unter traumatisierenden Umständen gefunden haben, z.B. bei Suizid: Die letzte Begegnung ermöglicht ihnen ein „friedliches Gegenbild". Wer den Abschied zu gegebener Zeit versäumt, den kann noch Jahre später die Erinnerung an das versäumte Wort und die nicht gezeigte Geste belasten. Denn wirklich Neues kann nicht anbrechen, ohne dass vorher ein Abschied – auch mitsamt dem damit verbundenen Schmerz – geschieht.

3. Raum für Tod, Abschied und Trauer

Jährlich sterben in Deutschland rund 850.000 Menschen. Der heutige Umgang mit dem realen Tod ist aus dem Raum, der der Öffentlichkeit zugänglich ist, weitgehend ausgelagert: Viele alte, pflegebedürftige und kranke Menschen versterben familienextern in Alten- und Pflegeheimen sowie Krankenhäusern. Diese Ein-

---

Bestatter und ausgebildete Thanatopraktiker berichten bei Trauerseminaren an der Universität Regensburg im Rahmen des Projektes „Trauerforschung und Trauerbegleitung" immer wieder von positiven Rückmeldungen Angehöriger, wenn diese die Möglichkeit hatten, sich noch einmal unmittelbar von ihren Verstorbenen zu verabschieden: So wurde z.B. von einer Brücke ein Stein auf eine darunter liegende Fahrbahn geschleudert und durchschlug die Windschutzscheibe eines PKWs. Dabei kam eine junge Frau ums Leben, deren Gesicht bis zur Unkenntlichkeit entstellt war. Die Angehörigen hatten bei diesem plötzlich eingetretenen Tod den Wunsch, sich zu verabschieden. Mit Hilfe eines Fotos konnte ihr Gesicht rekonstruiert werden, so dass eine Abschiednahme möglich war. - Durch entsprechende Seitenlagerung des Gesichts und Abdecken konnte sich die Familie von einem kleinen Jungen verabschieden, der bei einem Zugunglück ums Leben kam. Wo dies nicht mehr möglich ist, z.B. bei einem Suizid auf den Schienen, kann schon ein nicht abgedeckter Körperteil (Hand oder Finger) vom Verstorbenen für den letzen Blick hilfreich sein. Wird das Spektrum an Möglichkeiten im Bereich der Thanatopraxie der Situation und den Umständen entsprechend abgewogen und angemessen eingesetzt, d.h. mit Vorbereitung und Hinführung der Angehörigen auf den Abschied sowie der Nachbereitung der Abschiednahme, ist dies letztlich den Hinterbliebenen dienlich in ihrer Trauer, denn sie können sich verabschieden.

richtungen entledigen sich der oft in Keller-Kühlräumen verstauten Toten vielerorts beinahe unbemerkt an Hinterausgängen und zu „günstigen“, weil außerhalb der alltäglichen Betriebsamkeit liegenden Tageszeiten. Sie werden vom beauftragten Bestatter direkt in die Leichenhalle oder in private bzw. kommunale Aufbahrungsräume gebracht. In städtischen und kommunalen Aufbahrungshallen bleiben die Särge im Regelfall geschlossen. Selbst bei nahen Angehörigen wächst die Abwehr, sich unmittelbar beim Eintritt des Todes vom Verstorbenen zu verabschieden. Die Toten liegen stattdessen im verschlossenen Sarg in kleinen Kammern, teilweise hinter Vorhängen versteckt und durch Glasscheiben von den Außenvorstehenden getrennt; Körperkontakt von Angehörigen und Freunden zum Verstorbenen bleibt so unterbunden. Demgegenüber stehen zunehmend Einrichtungen, die sich dem menschenwürdigen Umgang mit Verstorbenen und ihren Angehörigen stellen. In eigens eingerichteten Räumen laden sie zur bewussten, persönlichen Abschiednahme ein. Abschied und damit Tod und Trauer dürfen sein, da dafür Raum gegeben wird. Solche Räume sind gleichsam wachsamkeitsstützende „Gegenräume“: Sie treten der gesellschaftlichen Marginalstellung von Tod, Abschied und Trauer positiv entgegen, ihre Existenz bekundet die Solidarität mit den Toten und ihren Angehörigen. Sie gewährleisten, dass die Verstorbenen nicht wie in einem „Entsorgungsvorgang“ verschwinden und den Angehörigen in der unmittelbaren Begegnung mit den Verstorbenen die veränderte Realität nicht verwehrt bleibt. Sie stören zudem die „Alltäglichkeit“, weil sie an die eigene Sterblichkeit und Ohnmacht des Menschen gegenüber dem Tod erinnern.

4. Abschiedsraum – ein gelungenes Beispiel[3]

Beim Abschiedsraum im Frankfurter Markus-Krankenhaus handelt es sich um einen ausschließlich für den Abschied zur Verfü-

3 Dieses Raumbeispiel wurde im Artikel „Herausforderung Abschiedsraum“ von Sabine Holzschuh im Praxisteil der Zeitschrift „Lebendige Seelsorge“ 55 (2004) 331-334 abgedruckt. Bilder zum Abschiedsraum des Markus-Krankenhauses finden sich unter der Internetadresse www.lebendige-seelsorge.de.

gung stehenden Raum. Dieser wird seit Oktober 2001 genutzt. Im Folgenden werden die Raumgestalt und einige, bei der Konzeption zu berücksichtigende Aspekte veranschaulicht.

4.1 Raumgestalt

Der Abschiedsbereich ist mit dem Vorraum und dem eigentlichen Raum zur Begegnung mit dem Verstorbenen zweigeteilt. Er umschreibt insgesamt eine Fläche von rund 50 m^2.

Auf der Eingangstür sind vier in Augenhöhe befestigte, quadratische Metallplatten zu sehen. Diese lassen in ihrer Anordnung ein Kreuz erkennen. Der Raum ist so in seiner Besonderheit bereits nach außen hin gekennzeichnet. Beim Eintreten vom öffentlichen Flur in den abgeschlossenen Bereich ist eine „gewisse Intimität“ garantiert. Angehörige gelangen zunächst in den, dem eigentlichen Abschiedsraum vorgelagerten Raum. Dort können sie sich sammeln: Ein kleiner, zum Fußboden passender Steintisch samt dazugehöriger Blumensäule sowie Stühle laden zum Verweilen ein. Angehörige können in der auf dem Tisch ausgelegten Bibel blättern oder den Blick durchs Fenster in einen davor angelegten Steingarten schweifen lassen. Die Glastür vom Vorraum nach draußen ermöglicht ein Vor-die-Tür-Treten bzw. das der Öffentlichkeit entzogene Verlassen des Krankenhauses über die entlang des Steingartens angelegte Außentreppe. Sie liegt direkt neben dem Haupteingang des Krankenhauses. Diese Verbindung zur Außenwelt kann auftretenden Gefühlen von bedrückender Enge bzw. beängstigender Gefangenheit entgegentreten. Für Nachfragen oder Unvorhergesehenes bietet ein Telefon die Möglichkeit, mit der Zentrale zu sprechen. In der Blickrichtung lädt ein Triptychon aus Stahl und rissiger Erde (der Künstlerin Madeleine Dietz) zur Gedankenbildung ein. Die Beschränktheit der eigenen Situation ist für eine Weile aufgebrochen.

Eine Tür verbindet den Vorraum mit dem Abschiedsraum. Diese Raumabfolge strukturiert den Abschied räumlich und zeitlich. Der Trauernde wird nicht auf „auf einen Schlag“ mit dem Leichnam konfrontiert. In übertragener Bedeutung ist dieses äußere Leitsystem zugleich ein Bild für die schrittweise Trennung der Angehörigen von ihren Verstorbenen. Der Abschiedsraum selbst empfängt Angehörige mit neun quadratischen Wandleuchten, aus denen ihnen Gelblicht entgegenströmt. Sie führen den Blick entlang des halbrunden Raums nach vorne. An der Stirnseite steht ein zweiteiliges Objekt, ein rund 2 m hoher und 2,5 m breiter Stahlrahmen in Form eines aufgeschlagenen Buchs, das „Buch des Lebens“: Die linke Buchseite ist wie im Vorraum mit ausgedörrter Erde gefüllt, die rechte Seite wird von einem gelben, beleuchteten Glas lichtdurchflutet. An der Wand gegenüber den Leuchten ist ein schlichtes Stahlkreuz angebracht. Die beiden dort befestigten, halbrunden Konsolen ermöglichen, mitgebrachte Blumen und Schalen bei ihrem Verstorbenen aufzustellen. Angesichts der oft anzutreffenden Passivität Angehöriger – gerade zu Beginn ihres Trauerwegs – können sie aktiv etwas tun. Vor dem „Buch des Lebens“ ist während der Verabschiedung der Verstorbene mit einem rostbraunfarbenen Tuch bis zum Oberkörper bedeckt aufgebahrt. Der Kopf liegt leicht erhöht auf einem weißen Leintuch. Angehörige können an den Verstorbenen von allen Seiten herantreten: ohne Barriere oder irgendeine andere Form von Blockade. Distanz und Nähe lassen sich durch die Größe des Raums individuell gestalten. Der äußeren Bedrängnis angesichts der unmittelbaren Konfrontation mit dem Verstorbenen und der daraus möglicherweise resultierenden inneren Beengung kann der Bewegungsspielraum entgegenwirken. Die vorhandenen Schalenstühle ermöglichen eine flexible Handhabung. Es besteht sowohl vom Vorraum als auch vom Abschiedsraum aus die Möglichkeit, nach draußen in den Steingarten zu gehen. Die beiden Glastüren im Abschiedsraum sind in Gelbrottönen unterschiedlicher Abstufungen bemalt. Sie lassen gedämpftes Tageslicht einfallen, zugleich wird aber der direkte Einblick von draußen vermieden. In der Nähe dieser Fenstertüren befindet sich ein stählernes Stehpult, auf dem ein Abschiedsbuch aufgeschlagen liegt.

Durch die Farben-Palette von gelb bis zu rostbraun sollen Angehörige Wärme empfinden können und Geborgenheit erfahren. In diese Farbigkeit gehört auch der Bodenbelag in rotem Sandstein. Die gesamte Konzeption blendet unnötige Reize aus und ist auf den Verstorbenen zentriert. In dieser Phase des Abschieds ist das Zusammensein mit dem Verstorbenen zentral.

Kraft seiner Gestaltung sollte der Raum von allen Menschen in der Trauer in Anspruch genommen werden können und im Angesicht des Todes orientierende Bezüge zum Ausdruck bringen. Im Zug einer interreligiösen Raumkonzeption ist der Raum „leicht" geostet. Um Verstorbene der islamischen Religion vor Ort versorgen zu können, wünschte der islamische Bestatter einen Zugang zum Sektionsraum mit der Möglichkeit der Benutzung eines Sektionstisches und dem Bereitstehen von fließendem Wasser.

4.2 Anliegen für Trauernde

Den inneren Weg des Abschiednehmens der Angehörigen vom Verstorbenen durch ein äußeres Wegesystem zu begleiten, bedeutet, den Abschied als Weg und damit prozessual zu begreifen: Bei einem langsam erwarteten Tod haben Angehörige den verstorbenen Patienten bereits über einen längeren Zeitraum begleitet und erleben beim Abschied am Totenbett die Person des Verstorbenen noch „da" und doch schon „gegangen". Der Kommunikationsraum zwischen ihnen und dem Verstorbenen ist „noch" offen. Mit der Begleitung und dem Abschied liegen anstrengende Aufgaben hinter ihnen. Mit einem gewissen Abstand haben sie noch einmal das Bedürfnis, den Verstorbenen am Sterbeort zu sehen. Mit neuer Einstellung, neu in dem Sinn, den vertrauten Menschen nicht mehr als Sterbenden, sondern als bereits Toten zu erleben, kommen diese auf denselben Wegen wie zuvor zum Krankenhaus. Der Wegcharakter wird für sie insofern erfahrbar, als sie ihren Verstorbenen nun an anderer Stelle innerhalb der Einrichtung sehen. Im Abschiedsraum setzt sich ihre auf Station eingeleitete Trennung bei der Begegnung mit dem Aufgebahrten fort. Diese Begegnung ist eine vom Krankenhaus gewährte Gelegenheit in zeitlicher und räumlicher Hinsicht: Soweit als möglich sind die Krankheitsspuren beseitigt, der Verstorbene ist „hergerichtet". Was ihn ausmachte, ist vor allem am Gesicht erkennbar. Die Angehörigen nehmen in der unmittelbaren Konfrontation sichtbar und spürbar Veränderungen wahr.

Demgegenüber erleben Angehörige, die von weit her kommen oder bei einem plötzlich eintretenden Tod kurzfristig informiert wurden, das Krankenhaus möglicherweise zum ersten Mal. Ihr Weg führt über den Haupteingang auf einem sonst untypischen Weg in den Bereich der Pathologie. Die angestaute Erschütterung, der angstbesetzte Weg zum Krankenhaus, das plötzliche Eintreten von der Welt draußen in die Konfrontation mit dem Menschen, den sie erstmals als Leichnam erleben, ist stark belastend.

Im Abschiedsraum ist die Trennung gegenüber dem Abschied am Totenbett deutlich markiert: Ein weiteres Stück Verwandlung ist geschehen, denn Tote verändern sich schnell. Der Abschiedsraum macht einen „klaren Schnitt“ und verdeutlicht die Realität des Todes. Damit verbunden ist eine Konzeption, die diese Härte in der Gestaltung aufnimmt und so die Wahrnehmung dieser Realität unterstützt (kein Wohnzimmer-Charakter) sowie zugleich den Betroffenen in der Annahme dieser Realität stützt. Eine dem Wegcharakter entsprechende schrittweise Hinführung auf den Abschied sollte ermöglicht sein. Angehörige brauchen Zeit, um den Anschluss an die neue Realität zu finden (Frage nach der Lokalisierung des Raums und der Raumabfolge). Daher sollten sie zur „Ruhe“ kommen können und in diesem Ausnahmezustand „Sicherheit“ erfahren können (abgeschlossener, geschützter Rahmen). Sie sollten nicht durch zu viele Eindrücke irritiert und abgelenkt sein vom Eigentlichen, ihrer Abschiednahme vom Verstorbenen (Konzentration auf den Platz des Toten). Von allen Seiten sollten sie an den Verstorbenen herantreten können, um ihn sehen und anfassen zu können. Nähe und Distanz zum Verstorbenen sollten sie selber bestimmen können (Frage nach der Raumgröße). Dort sollten sie „atmen“ können, d.h. es sollte kein Raum sein, der Angst bzw. Unbehagen auslöst; sie sollten „sprechen“ dürfen, um ihre Trauer verbal ausdrücken zu können. Ein Deutungsangebot, das Angehörige anregt innezuhalten, kann stützen. Eine Deutung ist aber immer in einer engen Verbindung zu den Menschen und ihren unterschiedlichen Vorstellungen zu sehen. Alle Menschen sollten sich in diesem Umfeld „getragen wissen“ in ihrer Trauer (offenes und geschlossen christliches Sinndeutungsangebot). Die offizielle Bezeichnung sollte „Abschiedsraum“ lauten, nicht Aussegnungsraum, damit Angehörige ohne religiösen Zugang sich nicht aufgrund des Wortes Aussegnung scheuen, den Raum in Anspruch zu nehmen. Um die Begegnung jedem offen zu halten, sollten finanzielle Erwägungen keine Entscheidungsgrundlage dafür sein, sich zu verabschieden. Angehörige sollten über Zeit, Dauer und Häufigkeit der Abschiedsbesuche selbst entscheiden können.

5. Plädoyer

Das menschliche Leben entwickelt sich im Körperraum der Mutter, es vollzieht sich in Wohn- und Arbeitsräumen, in Institutionen, Dörfern, Städten und Landschaften bis hin zum Weltraum und zu virtuellen Räumen. Der Raum steht fraglos als eine wesentliche Entfaltungsbedingung in einer engen Beziehung zum Menschen. In den Erinnerungen an Ereignisse im eigenen Leben ist der räumliche Kontext stets mitgegeben. Räume – und damit auch Abschiedsräume – prägen sich tief ein und gehören zu einem wichtigen und untrennbaren Teil der eigenen Lebens- und Glaubensgeschichte.[4] Nach christlichem Verständnis kommt dem Menschen als Ebenbild Gottes bis in den Tod hinein Achtung zu. Dieser Respekt vor der Würde des Menschen wird zum Prüfstein für die räumlichen Verhältnisse. Eine demnächst veröffentlichte, praktisch-theologische Studie zum Verhältnis von „Raum und Trauer"[5] macht darauf aufmerksam, dass sich im Raumangebot für den Abschied in konkreter Form zeigt, wie es um die Achtung vor der menschlichen Würde bestellt ist. Gekachelte Bäder, Abstellkammern, Kühlräume, Gänge oder nur durch Vorhänge abgetrennte Nischen sind für den Abschied der Angehörigen von ihren Verstorbenen nicht geeignet. Unangemessene und abwertende räumliche Bedingungen gefährden die Würde der Verstorbenen und der Trauernden. Demgegenüber rückt ein „angemessen" ge-

4 Einen phänomenologischen Zugang zum Verhältnis von Mensch und Raum eröffnet Otto Friedrich Bollnow. In seinem Werk „Mensch und Raum" (Stuttgart/Berlin/Köln 92000) zeigt er die grundsätzliche Definition des Menschen über den Raum und die Wechselwirkung zwischen beiden auf.

5 In meiner Dissertation zum Thema „Raum und Trauer. Ein praktisch-theologische Untersuchung zu Abschiedsräumen" (Würzburg 2006) werden die Untersuchungsergebnisse zur Bedeutung von Abschiedsräumen für Trauernde vorgestellt und Impulse für die Gestaltung entsprechender Räume gegeben.

stalteter Raum den Menschen mit seiner elementaren Würde in den Mittelpunkt. Sinnzeichen wie das oben angeführte „Buch des Lebens“ und das „Stahlkreuz“ bringen eine Deutung in den Raum ein. Gerade im Angesicht des Todes drängen sich Zurückbleibenden menschliche Grundfragen nach dem Sinn und der Endlichkeit des Lebens, nach Schuld, Gebrochenheit und Hoffnung auf. Diese Fragen benötigen aus christlicher Sicht den Dialog mit Gott, dem Schöpfer allen Lebens. Sinnzeichen im Abschiedsraum können ohne Worte zu beredten Zeugen für das werden, was wir Christen als Erfüllung unserer Sehnsucht glauben. Angehörige können in dieser zeichenhaften Gestaltung Hoffnung für den Verstorbenen und für sich selbst aufspüren.

„Schenk jedem Lebenden deine Gaben, und auch dem Toten versag deine Liebe nicht! Entzieh dich nicht den Weinenden, vielmehr trauere mit den Trauernden!“ (Sir 7,33-34). Gemäß dem biblischen Auftrag zur Barmherzigkeit können durch Abschiedsräume die Toten gewürdigt und die Trauernden getröstet werden. In der Verpflichtung gegenüber der Würde des Menschen als Ebenbild Gottes und im Sinn einer menschengemäßen VerOR-Tung von Tod, Abschied und Trauer wird die Errichtung bzw. Einrichtung eines angemessen gestalteten Abschiedsraums zur Herausforderung für Krankenhäuser, Alten- und Pflegeheime, Hospize, aber auch für Bestattungsunternehmen und kirchliche wie kommunale Friedhofsanlagen.

Auch die Empfehlung der deutschen Bischöfe in der offiziellen Stellungnahme zur Bestattungskultur „Unsere Sorge um die Toten und die Hinterbliebenen“ geht in diese Richtung: „Einerseits gibt es … das bewusste Bemühen, die Toten würdevoll aufzubahren und den Angehörigen Räume und Zeiten zur Abschiednahme vom Verstorbenen zur Verfügung zu stellen. Andererseits werden Verstorbene in unwürdigen Räumen (z.B. im Keller des Hauses) für die möglichst rasche Abholung aufbewahrt … Nicht selten werden bei Neubauten von Kliniken und Altenheimen überhaupt keine Räume zur Aufbahrung und Verabschiedung eingeplant: der Tod und die Toten haben keinen Platz mehr unter den Lebenden. Kirchliche wie kommunale Krankenhäuser, Alten- und Pflegeheime (und nicht nur sie) sollten darum bemüht sein, durch eine würdig gestaltete Verabschiedung Zeugnis abzulegen von der

Würde der Verstorbenen (und der Lebenden) und einem christlich-menschlichen Umgang mit ihnen."[6]

Herr Meier, der seiner Mutter in einem eigens für den Abschied gestalteten Raum ein letztes Mal von Angesicht zu Angesicht begegnen konnte, meinte: „Ich rechne es dem Krankenhaus hoch an, dass ich von ihr Abschied nehmen konnte. In einer so schönen Umgebung. Das hat mir viel geholfen." Dieser Raum ist Teil seiner Erinnerung an den endgültigen Abschied und gehört wesentlich zum ganzen, inneren Bild, das er davon in sich trägt. Dieses Bild wurde für ihn zum Begleiter in seiner Trauer. Genauso wie sich positive Raumerfahrungen tröstlich in die Erinnerung einschreiben und als hilfreich erlebt werden, genauso stören negative Raumerfahrungen auf. Die Abschiednahme ist mitbestimmt vom Raum, innerhalb dessen sie stattfindet. Abschiedsräume stellen darum eine notwendige und sinnvolle Ergänzung zur christlich motivierten Trauerbegleitung dar.

---

6 Unsere Sorge um die Toten und die Hinterbliebenen. Bestattungskultur und Begleitung von Trauernden aus christlicher Sicht, hg. von Sekretariat der Deutschen Bischofskonferenz (=DtBis 53), Bonn [4]2000, 41. Vgl. auch: Christliche Bestattungskultur - Orientierungen und Informationen. Wort der Deutschen Bischofskonferenz auf der Frühjahrs-Vollversammlung am 4. März 2004, in: „Bestattungskultur - Zukunft gestalten". Bericht und Dokumentation der Fachtagung am 16./17.10.2003 in Erfurt, hg. von Sekretariat / Bereich Pastoral der Deutschen Bischofskonferenz, Bonn 2004, 202-209.

Arbeitsgruppe Notfallseelsorge

Zum Umgang mit Angehörigen von Vermissten

1. Vorwort

Notfallseelsorge ist immer schon Thema und Teil der Seelsorge. Wer sich in den pastoralen Dienst unserer Kirche stellt, muss wissen, dass Krankheit und Tod, Unfall und Katastrophen jede/n Seelsorgerin und Seelsorger zu Hilfe und Trost, zu Beistand und Tröstung herausfordern. Dazu müssen alle befähigt sein, die sich für den Dienst der Verkündigung und der Diakonie im Namen Christi bereit erklärt haben. Dazu braucht es besondere Erfahrung und Sensibilität und Glaubenskraft, die jede/r Seelsorgerin und Seelsorger im Lauf der pastoralen Tätigkeit sich erarbeiten und erbeten muss. Eine neue Qualität dieses Dienstes ist seit den letzten Jahrzehnten gefordert. Das wissen alle Seelsorger, die in Pfarrgemeinden am Rande einer viel befahrenen Autobahn leben. Das erleben Krankenhausseelsorger und -seelsorgerinnen in den großen Kliniken. In besonderer Weise wird bei Großschadensfällen bewusst, wie gerade von den Kirchen erwartet wird, zu helfen und zu trösten und bereit zu sein, wenn Unfassliches geschieht, z.B. bei der Flutkatastrophe im Dezember 2004 in Südostasien. Viele Männer und Frauen im pastoralen Bereich sind inzwischen für solche Katastrophen zusätzlich qualifiziert worden: als Notfallseelsorger und -seelsorgerinnen.

Das Erzbischöfliche Ordinariat München hat eine Handreichung für die Seelsorge erstellt. Sie trägt den Titel: „Zur Unterstützung der Angehörigen von Vermissten“ (München 2005). So sehr darin immer wieder auf die Not- und Hilfesituation der genannten Flutkatastrophe Bezug genommen wird, so gelten doch viele Überlegungen auch für die Situation von Vermissten nach Unglücksfällen, z.B. in den Bergen, durch Ertrinken oder in Kriegszeiten.

Den Autorinnen und Autoren sowie dem Leiter des Seelsorgereferates I in München, Josef Obermaier, und dem Leiter des dortigen Fachbereichs Krankenhausseelsorge, Dr. Siegfried Kneißl, gilt Dank für die Überlassung des (leicht veränderten) Textes.

2. Einleitung

2.1 Zur Situation

Die Flutkatastrophe 2004 in Südostasien hinterlässt neben Menschen, die um einen Toten trauern, auch Menschen, die einen oder mehrere Angehörige vermissen. Die Vermissenden bleiben zurück in dem bangen Hin- und Hergerissensein zwischen der Hoffnung auf ein Wiedersehen und der Gewissheit um den Tod dieses Menschen. Das psychische und seelische Leid, das zermürbende Bangen und das sehnsüchtige Warten sind für viele Angehörige kaum fassbar. Die Wahrscheinlichkeit, dass eine als vermisst gemeldete Person noch am Leben ist, wird immer geringer, je mehr Zeit verstreicht. Das erfassen die betroffenen Angehörigen teilweise auch rational. Gleichwohl keimt die Hoffnung immer wieder auf, dass der Vermisste noch am Leben ist. Dies vermeintlich Irrationale und Widersprüchliche hängt auch damit zusammen, dass der Leichnam nicht gesehen und berührt werden konnte. Abschied wurde sinnlich nicht erfahren, der Verlust kann nicht be-griffen werden. Da unser Volk seit dem Zweiten Weltkrieg 1,4 Millionen Menschen vermisst, scheint ein reicher Erfahrungsschatz für den Umgang mit Vermissenden – vor allem in der älteren Generation – vorhanden zu sein, und doch ist er für viele in der gegenwärtigen Situation nicht abrufbar[1].

Die seelsorglich begleitende Gemeindepastoral und die Kirche als Erinnerungs- und Gedenkgemeinschaft sind hier herausgefordert und vor eine sensible Aufgabe gestellt. Mag die Flutkatastrophe zwar aktueller Anlass zum Bedenken dieser Situation sein, so werden einzelne Gemeinden auch in anderen Zusammenhängen vor die Herausforderung gestellt, für Angehörige von Vermissten Sorge zu tragen. Es handelt sich somit zwar nicht um ein alltägliches, aber grundsätzlich um ein pastorales Thema, dessen sich die Kirche annehmen muss. Die nachfolgenden Überlegungen öffnen einen ersten Zugang zu Hintergründen, Hinweisen und Hilfestellungen. Mit einer Anregung zur Aufstellung einer Gedenktafel für Vermisste will sie zudem eine konkrete

1 Mehr dazu in Kap. 2: Was vermisst sein bedeutet.

Handlungsmöglichkeit für die Praxis der Gemeindepastoral anbieten.

2.2 Antwort des Glaubens – der vermisste Gott

„Ruhe in Frieden“, so sprechen wir an offenen Gräbern den Verstorbenen unsere christliche Hoffnung zu. Bei einem vermissten Menschen, den wir nicht unter den Toten glauben, ist uns diese Ruhe sowohl als Zuspruch, als auch für uns selber genommen. Der ersehnte Friede will sich nicht einstellen. Die Heilsgeschichte mit ihrem jüdisch-christlichen Gottesbild will uns verdeutlichen, dass Gott sich vom Leid der Menschen treffen lässt und auf deren Seite steht. In paradoxer Weise wird Gott selbst als der Vermisste erfahren, als einer, der die Ungewissheit der Angehörigen nicht weg zu nehmen vermag und der gleichzeitig von ihnen gesucht und angefragt wird. In unfassbaren Situationen wie der Flutkatastrophe in Südostasien stellt der Mensch die Frage nach der Anwesenheit Gottes, nach dem „Wo warst du, Gott?“. So wird Gott zur Klagemauer, an der sich immer wieder Hoffnung und Bitte auf ein Wiedersehen festmachen wollen. Die Frage nach dem Warum dieser Katastrophe, nach dem Warum der vielen Toten und Vermissten, bleibt offen. „Man kann es im Grunde auch nicht verstehen, denn jedes Verstehen hat immer etwas von Rechtfertigung an sich“, so *Karl Kardinal Lehmann* im Ökumenischen Gedenkgottesdienst für die Opfer der Flutkatastrophe.[2] Die Frage bleibt und mit ihr die Anfrage an Gott: „Danach tat Ijob seinen Mund auf und verfluchte seinen Tag“ (Ijob 3,1). Die Sprache Ijobs und damit die Sprache des Leides im Alten Testament ist die Klage. Die Klage als Ausbruch des Leides in die Sprache ist mit eine Bedingung, dass Menschen im Leiden nicht unverwandelt bleiben. Sie gipfelt in den Worten Jesu am Kreuz: „Mein Gott, mein Gott, warum hast du mich verlassen?“[3]

---

2 Predigt des Vorsitzenden der Deutschen Bischofskonferenz, Kardinal Karl Lehmann, im Ökumenischen Gedenkgottesdienst für die Opfer der Flutkatastrophe in Südasien, am Sonntag, 9. Januar 2005, 15.00 Uhr, im Berliner Dom, http://dbk.de/presse/pm2005/pm2005010901, 11.01.2005.

3 Mt 27,46, Zitat von Ps 22,2, vgl. auch das Gebet im Garten Getsemani: Mt 26,36–46, bes. 39 ff.

Es erwächst an die Pastoral die Anforderung Räume der Kommunikation, des Miteinanders und der Sprache zu eröffnen. Die Antwort des Glaubens mag darin gelebt und gefunden werden, und somit die Erinnerung an die Vermissten wach bleiben.

3. Was vermisst sein bedeutet

In unserer Gesellschaft ist seit dem Zweiten Weltkrieg das Vorkommen von Vermissten in einem solchen Ausmaß wie bei der Flutkatastrophe in Südostasien 2004 nicht mehr präsent. Damit ist das psychische Leid, das zermürbende innere Bangen und das sehnsüchtige endlose Warten für viele Menschen heute kaum fassbar. Im Falle der Flutkatastrophe sind noch viele Kinder und Erwachsene als vermisst gemeldet, weil die Identifizierung der Toten sich noch hinziehen wird. Man muss mit einem längerem Zeitraum rechnen. Viele Leichen wurden bereits verbrannt und viele Körper werden auch im Ozean verschwunden bleiben. Diese Angehörigen werden wohl niemals Gewissheit erfahren.

3.1 Typische/s Erleben und Belastungen von Angehörigen von Vermissten

Allgemein

Der Tod einer nahe stehenden Person stellt für die Hinterbliebenen mehr als einen schmerzlichen Verlust dar. Er befällt die Hinterbliebenen als eine Zäsur im Leben, durch die man herausgerissen wird aus der Gedankenzentrierung des Lebensstroms im – immerwährendes Dasein suggerierenden – Hier und Jetzt. Die Kürze und die jähe Zerbrechlichkeit des Lebens – auch des eigenen – drängt sich ins Bewusstsein. Mitten im Leben merken wir plötzlich, dass wir ständig vom Tod umfangen sind. Unweigerlich kommt die Zeit des Abschiednehmens von einer nahen Person, eine Zeit, in der die Endgültigkeit des Sterbens noch hinausgezögert zu werden scheint. Man spricht in diesem Zusammenhang auch von einer Schleusenzeit: Der Verstorbene ist noch unter den Lebenden, wenngleich als Leichnam, solange er noch nicht beerdigt ist. In der Totenwache wird mit dem Toten Zwiesprache gehalten, um noch das auszusprechen, was bislang unausgesprochen war. Der aufgebahrte Leichnam wird mit dem besten Gewand geschmückt, so als könne und wolle der Tod noch nicht wirklich begriffen werden. Jedoch erst solche Abschiedsrituale machen das Unfassbare langsam begreiflich. Die einsetzende Trauer entzieht die Hinterbliebenen dem Sog des Todes und führt sie ins Leben zurück. Den Tod eines nahen Angehörigen oder Freundes anzunehmen, verlangt den Hinterbliebenen viel ab, insbesondere wenn er unerwartet kam. Gefühle der Empörung, Verleugnung und ein sich Fügen wechseln sich ab.

Konkret bei Angehörigen von Vermissten

Für Angehörige von vermissten Personen zieht sich das Sterben des Vermissten in einer Endlosschleife zwischen trostloser Selbstvergewisserung und keimender Hoffnung hin. Der Tod hat immer wieder ein offenes Ende. Je mehr die Ungewissheit steigt, umso mehr sträuben sich die vermissenden Angehörigen und umso unmöglicher ist es für sie, die Abwesenheit eines Vermissten als sein Gestorbensein zu begreifen. Denn: Der Tod hat ja schließlich (noch) kein Gesicht und (noch) keine Gestalt. Für Angehörige und enge Freunde ist in der ersten Zeit die vermisste Person nicht wirklich tot. Sie klammern sich an ein Wunder fest, von welchem sehr vereinzelt tatsächlich in der Presse zu lesen ist. Von daher finden sie auch entsprechende vorzeitige Trauergottesdienste oder Abschiedsrituale pietätlos und empörend. Sie wollen noch nicht trauern. Wenn sich der Vermisste doch noch melden würde, wollen sie ihm nicht erzählen müssen, sie hätten ihn schon aufgegeben gehabt. Angehörige neigen dazu, die Wohnung, in der sie mit dem Vermissten gelebt haben, über einen langen Zeitraum hinweg im bisherigen Zustand zu belassen. Sie mögen sich nicht von seinen persönlichen Gegenständen und Kleidungsstücken trennen, da sie ihn dadurch symbolisch in Vergessenheit geraten, d.h. sterben, lassen, obwohl er vielleicht noch lebt: „Wer soll denn sonst noch an den Vermissten glauben, wenn nicht ich?“ – Eine Erlösung und ein Loslassen von diesem verzweifelten Festhalten bahnt sich erst dann an, wenn sich die Angehörigen selbst die Erlaubnis geben oder wenn sie von einer glaubwürdigen Instanz die Erlaubnis erhalten haben, den Vermissten sterben zu lassen.

Der Glaube daran, dass der Vermisste noch lebt, kann lange anhalten, auch wenn die vermissende Person „weiß", dass der Angehörige tot ist. Endgültiges Loslassen gelingt nicht, solange Hoffnung und/oder Illusion, er könne noch leben, bestehen. Im Vermisstsein blockieren sich Hilflosigkeit und Ohnmacht und die Hoffnung der Angehörigen wechselseitig. Sie warten, dass plötzlich die Tür aufgeht und der abhanden Gekommene wieder da ist, oder sie zermürben sich in der Enttäuschung, dass der letzte Telefonanrufer wieder nicht der Vermisste war. Einige brechen in die Katastrophengebiete auf, weil sie das quälende Bangen nicht länger ertragen können und sich Gewissheit verschaffen wollen, auch um Trauern möglich zu machen. Es existiert für die Angehörigen kein Grab mit dem Leichnam als Ort der Gewissheit. Das Grab als Ort des rituellen Abschiedes und des Wiederbesuches fehlt. Durch die „Ortlosigkeit des Todes"[4] ist die Kontaktaufnahme zum Verstorbenen über die sterblichen Überreste erschwert. Die Beerdigung als rituelles Moment des Abschiedes und zugleich des Weiterlebens fehlt. „Wer vermisst wird, hinterlässt nichts als eine Lücke uns Hinterbliebenen, deren Trauer von dieser Leere tief geprägt ist."[5] – Es stellen sich grauenvolle Phantasien darüber ein, welches Schicksal der vermissten Person widerfahren ist und wo sie jetzt sein könnte. Quälende Fragen machen sich breit, ob er einen schmerzlosen oder einen qualvollen Tod erlitten hat, und was mit seinem Leichnam passiert sein könnte, und ob die Seele in Frieden ruhen kann.

Die Absurdität und die Sinnlosigkeit der Flutkatastrophe verstellt die Frage nach Schuldigen. Es ist kein bösartiges Machwerk von Menschen, es liegt auch kein schuldhaftes menschliches Versagen vor. Die Flut zeigte sich als elementares zerstörerisches Naturereignis, das so kam, wie es kommen musste. Kein Mensch trägt an der Entstehung der Flut Schuld, und dennoch fühlen sich Angehörige schuldig. Angehörige, die selbst die Katastrophe miterleben mussten, quält eine Überlebensschuld, verbunden mit der

---

4 J. Willms, Süddeutsche Zeitung, Feuilleton, 04.01.2005
5 ebd.

Frage: „Warum durfte ich überleben, warum nicht der andere? Womit habe ich verdient, weiterzuleben? Warum habe ich nicht mit den anderen zusammen den Tod gefunden?“ Oder es treten Zweifel auf. Das Urvertrauen in die Ordnung der Welt ist beeinträchtigt und Zweifel an der Existenz und der behütenden Hand Gottes kommen hoch. Es bricht ein Leid aus, welches sich weder durch Anklage noch durch Trostsuche aufheben lässt.[6] Eine Erlösung von der inneren Zerrissenheit erleben die Angehörigen dann, wenn sie auch nur einen Teil des Körpers des toten Vermissten oder an ihn erinnernde Gegenstände in ihrer Nähe beerdigen können („Wir wären sehr glücklich, wenn wir wenigstens einen Teil von ihm bei uns haben könnten“). Ein Ort des Wiederbesuchs lässt sich nur symbolisch schaffen. Vielleicht kann die symbolische Beerdigung eines Lieblingsgegenstandes des Vermissten oder – in späterer Zeit – das Anbringen des Namens auf dem Familiengrab mit dem Hinweis auf das Vermissen, oder das Aufstellen einer Vermisstentafel[7] eine Hilfe sein.

3.2 Hinweise für die Notwendigkeit professioneller Hilfe

Durch die Katastrophe in Südostasien wurden Menschen in unterschiedlichem Ausmaß belastet. Die Menschen, die Angehörige oder enge Freunde verloren haben (nur wenig Verstorbene konnten bislang sicher identifiziert werden), leiden unter den Folgen des Verlustes. Darüber hinaus können sich bei den Betroffenen aber auch schwere seelische Erkrankungen entwickeln, die die Verarbeitung des Verlustes, einen angemessenen Trauerprozess, der den Weg zurück ins Leben ermöglichen kann, erschweren oder verhindern können. Aber auch diejenigen, die vor Ort waren und überlebt haben, können, bedingt durch den Schock und die Schwere des Ereignisses, unter traumabedingten Erkrankungen leiden.

Es können sich Reaktionen wie:

- komplizierte Trauer

---

6 Siehe oben Kap. 1.2 Antwort des Glaubens – der vermisste Gott.

7 Siehe unten dazu Kap. 3.5 Empfehlung für einen Ort der Erinnerung.

- posttraumatische Belastungsstörungen
- Depressionen
- Suchterkrankungen
- seelisch bedingte körperliche Erkrankungen sowie
- Beziehungsstörungen

entwickeln.

Bei einem Ereignis wie der Flutkatastrophe besteht insgesamt ein hohes Risiko für Betroffene an einer traumabedingten Störung zu erkranken. Die posttraumatische Belastungsstörung beschreibt ein Muster typischer Symptome, wie sie nach einer traumatischen Erfahrung auftreten können, manchmal praktische unmittelbar danach, manchmal auch erst nach Monaten oder Jahren.

Posttraumatische Symptome äußern sich vor allem in drei Bereichen:

(1) als so genannter Erinnerungsdruck: Die Erinnerung an das traumatische Ereignis kehrt immer wieder und belastet die betroffene Person schwer. So können sich immer wieder Bilder von Erlebnissen aufdrängen und ebenso Gedanken und Gefühle bezüglich der traumatischen Erfahrungen. Viele Betroffene erleben die Ereignisse, oft über Jahre hinweg, in quälenden Alpträumen. Posttraumatisches Wiedererleben äußert sich andererseits auch in psychischen und körperlichen Belastungsreaktionen bei Konfrontation mit solchen Reizen, die an das traumatische Ereignis erinnern.

(2) als Vermeidungs- und Rückzugssymptome: Die Betroffenen versuchen innere und äußere Auslöser zu vermeiden, also Gedanken, Gefühle (z.B. Aufregung an sich), aber auch das Sprechen über das Ereignis, und bestimmte Personen, Orte, Situationen und Tätigkeiten. Neben diesem gezielten Vermeidungsverhalten kann es zu einem allgemeinen Abstumpfen der Gefühle kommen, einem „In-sich-Zurückziehen“. Betroffene können das Interesse an Dingen verlieren, die ihnen früher Freude gemacht haben, ihren Mitmenschen gegenüber fühlen sie sich entfremdet. Sie haben den Eindruck, nicht mehr so lachen, lieben oder auch trauern zu können wie die anderen „unbeschadeten“ Menschen, und glauben, dass ihnen die Zukunft nichts mehr bringen kann.

(3) als anhaltende Übererregung: Nach einer traumatischen Erfahrung kann sich das Erregungsniveau einer Person dauerhaft ändern. Die Betroffenen bleiben regelrecht in der zunächst normalen Aufregung gefangen. Sie sind übermäßig wachsam oder schreckhaft, leiden an Schlafstörungen und Konzentrationsschwierigkeiten. Manche berichten von einer Reizbarkeit, die sie so vorher nicht an sich gekannt haben, sie sind ständig auf dem Sprung und können sich kaum entspannen.

Es gibt so viele Möglichkeiten auf eine traumatische Erfahrung zu reagieren, wie es Menschen gibt. Ob sich die betroffene Person weitgehend erholt oder nicht, wieder in ihr normales Leben zurückfindet und eine traumabedingte Störung entwickelt, hängt neben den Bewältigungsmöglichkeiten des einzelnen auch davon ab, wie die Umgebung reagiert. Eine Problematik bei Personen mit traumabedingten Störungen ist ihre geringe Bereitschaft, sich Hilfe zu holen. Die Tendenz, alles zu vermeiden, was mit dem Trauma zu tun hat, führt dazu, dass Betroffene oft nur körperliche Beschwerden beim Hausarzt behandeln lassen, aber nicht nach professioneller Unterstützung suchen. Ihr eigentliches Problem wird so oft übersehen. Alle Formen der sozialen Unterstützung sind im Kontext von Traumatisierung wichtig, da sich die Betroffenen in der Regel zurückziehen und die Gefahr der sozialen Isolation hoch ist.

Eine Aufgabe psychologischer und psychiatrischer Versorgung ist deshalb Betroffene, aber auch deren Umgebung über Vorkommen und Erscheinungsbild posttraumatischer Störungen zu informieren, Heilungschancen aufzuzeigen und damit die vielfach vorhandene Schwellenangst zu senken.

Information über Behandlungsmöglichkeiten können deutschlandweit über die NOACH erfragt werden:

Koordination von **N**achsorge-, **O**pfer- und **A**ngehörigen**h**ilfe
nach schweren Unglücksfällen im Ausland
im Bundesamt für Bevölkerungsschutz und Katastrophenhilfe
Deutschherrenstr. 93
53177 Bonn
Tel: 0800-1888-433, Fax: 01888-550-436, Noach@bbk.bund.de

3.3 Rechtslage bei Vermissten

Ein Mensch gilt nach deutschem Recht erst dann als tot, wenn er für tot erklärt ist. Das bedeutet, dass Vermisste grundsätzlich als lebend gelten, solange sie nicht für tot erklärt sind.

Wenn nicht zweifelsfrei geklärt werden kann, ob ein Mensch noch lebt oder gestorben ist, kommt dem Verschollenheitsgesetz[8] (VerschG) die Aufgabe zu, die rechtlichen Folgen der Ungewissheit über Leben und Tod zu regeln. Bei den vermissten Menschen der Flutkatastrophe dürfte das Verschollenheitsgesetz zur Anwendung kommen. Dies begründet sich darin, dass aufgrund der Katastrophe der Aufenthaltsort einer Person länger unbekannt ist und ernstliche Zweifel an seinem Fortleben bestehen (§ 1 VerschG). Nach Einschätzung des Bundesministeriums der Justiz ist für die seit der Flutkatastrophe Verschollenen § 7 VerschG – die so genannte Gefahrverschollenheit – anzuwenden. Das bedeutet, dass die Verschollenen frühestens nach einem Jahr, gerechnet ab dem 26. Dezember 2004, für tot erklärt werden können. Wann dieser Antrag gestellt wird, ist dabei nicht maßgeblich. Er kann schon jetzt, aber auch später gestellt werden. Es ist zu beachten: solange jedoch kein Antrag gestellt wird, wird ein Verschollener auch nicht für tot erklärt. Der Antrag ist bei dem Amtsgericht zu stellen, in dessen Bezirk der Verschollene zuletzt gemeldet war, oder, wenn er keinen deutschen Wohnsitz hatte, gewöhnlich aufgehalten hatte (§ 15 VerschG). Hatte auch der Antragssteller keinen Wohnsitz in Deutschland, ist das Amtsgericht Schöneberg in Berlin zuständig (§15 b VerschG). Antragsberechtigt sind nach § 16 VerschG der Staatsanwalt, der gesetzliche Vertreter des Verschollenen, der Ehegatte, die Abkömmlinge und die Eltern des Verschollenen sowie jeder andere, der ein rechtliches Interesse an der Todeserklärung hat.

Nach der Antragsstellung muss das Gericht in einer Tageszeitung den Namen des Antragsstellers veröffentlichen, den Verschollenen auffordern sich bis zu einem bestimmten Zeitpunkt zu melden, und alle auffordern sich bei Gericht zu melden, die etwas zum Verbleib des Verschollenen sagen können (§ 19 VerschG).

8 Vgl. pdf-Datei http://www.bmj.de/media/archive/841.pdf

Nach § 9 VerschG wird als Todeszeitpunkt dann der 26. Dezember 2004 angegeben, was Konsequenzen für die Rechtsfolgen wie beispielsweise Hinterbliebenenrente oder Erbe hat.

Hinweise des Bundesministeriums der Justiz[9]

Konten

Ist ein Dauerauftrag erteilt, laufen die Zahlungen weiter, so lange das Konto gedeckt ist.

Grundsätzlich darf eine Bank kein Geld auszahlen oder Aufträge ausführen, wenn der Auftraggeber keine Kontovollmacht hat. Ist also eine Kontovollmacht da, gibt es keine Probleme. Fehlt eine Kontovollmacht und soll über das Konto einer verschollenen Person verfügt werden, werden die Banken und Sparkassen angemessen zügig und unbürokratisch vorgehen. Die im Todesfall notwendige Sterbeurkunde kann durch eine Bescheinigung ersetzt werden, die auf gesicherten Angaben des Bundeskriminalamtes, der Landeskriminalämter bzw. der örtlichen Polizeidienststellen beruht. Die im Zentralen Kreditausschuss zusammengeschlossenen Banken- und Sparkassenverbände haben zugesagt, dieses Verfahren bei ihren Mitgliedsinstituten zu unterstützen.

Lebensversicherungen

Die Lebensversicherer wollen Angehörige von vermissten Flutopfern in Südasien entgegenkommend behandeln. Nach Angaben des Gesamtverbandes der Deutschen Versicherungswirtschaft (GDV) ist sich die Versicherungswirtschaft der besonderen Problematik bewusst und wird eine dem Einzelfall angemessen zügige und unbürokratische Regulierung sicherstellen. Dabei sollten gesicherte Angaben von BKA, LKA oder den örtlichen deutschen Polizeistellen als ausreichend angesehen werden. Die Versicherungswirtschaft bittet Betroffene, sich unmittelbar mit der jeweiligen Versicherungsgesellschaft in Verbindung zu setzen.

9 http://www.bmj.de, 17.01.2005.

Abwesenheitspflegschaft
Falls der Vermisste keine Vorkehrungen für seine Vermögensangelegenheiten getroffen hat, gibt es auch die Möglichkeit, dass das Amtsgericht am Wohnsitz des Verschollenen als Vormundschaftsgericht von Amts wegen einen Abwesenheitspfleger bestellt. Dies kann auch ein Verwandter sein, der dann als gesetzlicher Vertreter Vermögensverfügungen treffen, also auch über das Bankkonto verfügen kann. Diese Pflegschaft endet, wenn der Abwesende für tot erklärt wird oder seine Todeszeit nach den Vorschriften des Verschollenheitsgesetzes festgestellt wird.

Rechtliche Beratung
Bei konkreten Einzelfragen empfiehlt das Bundesministerium der Justiz auf jeden Fall, den Rat einer Rechtsanwältin oder eines Rechtsanwaltes einzuholen. Die Bundesrechtsanwaltkammer[10] hält online Listen von Rechtsanwältinnen und Rechtsanwälten bereit, die in diesen Spezialfällen beraten können. Der Deutsche Anwaltverein[11] bietet ebenfalls online Hilfe und Informationen für Opfer und deren Angehörige des Seebebens in Südostasien an.

4. Impulse für die seelsorgliche Praxis

4.1 Grundsätzliche Überlegungen für die Gemeindepastoral

Seelsorge, die um Trauer und Trauerprozesse weiß, der die Spannung zwischen Hoffen und Bangen bei Vermissenden bewusst ist, wird nicht warten, bis Betroffene den Weg ins Pfarrhaus finden. Hier ist nachgehende Seelsorge im Sinne der jesuanischen Praxis notwendig. Vermissende sind aktiv aufzusuchen, damit sie von ihren Ängsten und Befürchtungen immer wieder erzählen können. Das Erinnern und Erzählen, das Aussprechen können von Hoffnung und Klage in verschiedensten Formen können dazu beitragen, dass die vermissenden Menschen von der Unbegreiflichkeit der Situation Stück für Stück näher zu einem „Begreifen,

10 http://www.brak.de/seiten/01.php, 17.01.2005.
11 http://www.anwaltverein.de/hilfe1.html, 17.01.2005.

was geschehen ist und noch immer geschieht“ hinkommen können.

Wichtig ist, dass die vermissenden Menschen nicht nur unmittelbar in und nach der Akutsituation Begleitung und Hilfe erfahren. Es braucht Menschen an ihrer Seite, die über Wochen und Monate hinweg diese Situationen des Hoffen und Bangens mit ihnen aushalten. Wichtig ist im Blick zu behalten, dass der sich anschließende Trauerprozess auch einer Begleitung bedarf.

Aufgabe der Gemeinde kann sein

- Einfühlsames Angebot von Hilfe. Ein „Nein“ muss respektiert werden, auch im Wissen, dass eine Ablehnung „jetzt“ nicht unbedingt „nie“ bedeutet. Der Spannungsbogen und die Balance zwischen „nachgehen“ und „bedrängen“ ist sorgfältig zu beachten.
- Hilfestellung für die Bewältigung des Alltags geben, z.B. Kinder betreuen, für Vermissende einkaufen, den Hund ausführen, kochen.
- In den Gottesdiensten an geeigneter Stelle (z.B. Fürbitten, Hochgebet, Segensbitte) immer wieder der betroffenen Menschen gedenken.[12]

4.2 Vorschläge für Umgang mit Betroffenen in der Schule

Schule als ein Ort, an dem den unterschiedlichsten Belangen von Betroffenen Rechnung getragen werden sollte, ist auch ein Ort, an dem vermissende Schüler und Angestellte unterstützt werden müssen. Die folgenden Vorschläge beziehen sich auf den Umgang mit Vermissenden. (Die Autoren regen an, sich im schulischen Kontext über Hilfsangebote jenseits der nun folgenden kundig zu machen.) Gespräch mit den betroffenen Mitschülerinnen und Mitschülern über den / die vermisste(n) Schüler/in (Inhalte: Situation des Vermissens, Gefühlslage der Mitschüler/innen, Handlungs-

12 Weitere Überlegungen zu gottesdienstlichen Feiern siehe Kap. 3.4 Anregungen zur Gestaltung einer Wort Gottes-Feier und Kap. 3.5. Empfehlung für einen Ort der Erinnerung.

möglichkeiten gemeinsam erarbeiten; wichtig ist es, die Mitschüler/innen aus dem Gefühl der Ohnmacht heraus zu holen, und ihnen wieder Macht zu geben durch eigenes Handeln. Bild des/der vermissten Mitschülers/in an einem geeigneten Ort im Klassenzimmer anbringen. Etwas in der Klassengemeinschaft tun, was der/die vermisste Schüler/in gern getan hat (z. B. miteinander Gummibärchen essen im Erinnern an den/die Schüler/in, weil er/sie diese immer sehr gerne gegessen hat).

Einen Brief gemeinsam an die Eltern des/der vermissten Mitschülers/in schreiben.

Buch des Erinnerns gestalten und den Eltern des/der vermissten Mitschülers/in geben. Inhalte eines solchen Buches könnten sein: Fotos von gemeinsam erlebten schulischen Veranstaltungen; Erzählungen von Begegnungen und Erlebnissen mit dem/der vermissten Mitschüler/in; Gedichte, lieb gewonnene Texte, Aphorismen, Liedtexte; Zeichnungen; Gebete; frei formulierte Wünsche für den/die vermisste/n Mitschüler/in und die Eltern, Geschwister, Angehörige und Freunde. Wünsche für den/die vermisste Mitschüler/in auf Karten schreiben, diese an Luftballons binden und die Luftballons in einer Erinnerungsfeier aufsteigen lassen (Wünsche für den/die Vermisste/n, wo immer er/sie ist). Eine Erinnerungsfeier (Wort-Gottes-Feier) abhalten, die mit den Schülern/innen entwickelt wird. Dazu – nach Absprache – die Eltern und Geschwister der/s vermissten Mitschülers/in einladen.

4.3 Anregungen zur Gestaltung einer Wort-Gottes-Feier

Aufgaben

Die liturgische Feier dient in erster Linie dem Gedächtnis der Vermissten vor Gott und vor einander. Daher muss dieses Anliegen stets im Vordergrund sein. Eine solche Feier führt Eltern, Partner und Kinder, Familienmitglieder, gute Freunde und darüber hinaus die Gemeinde mit den Anteilnehmenden zusammen und gibt Halt. Die Liturgie bringt im kirchlichen Raum und in Feierform das Geschehene zur Sprache. Hier können die gefühlsmäßige Betroffenheit in einer umfassenden Bandbreite ebenso einfließen wie die über das Geschehene hinausweisenden Fragen. Im Blick auf den Vermissten müssen und dürfen Fragen offen gelassen werden, die nicht oder noch nicht beantwortbar sind. In Gesprächen und in liturgischen Feiern ist darauf zu achten, dass nicht vorzeitig von „Auferstehung der Toten“ die Rede ist, während die Angehörigen von Vermissten zunächst nur sprach- und fassungslos ihren anhaltenden Weg zwischen „Ölberg“ und „Karfreitag“ erleben. Angehörige und Freunde von Vermissten haben oft mit Schuldgefühlen zu kämpfen. Hier kann durch seelsorgliche Unterstützung geholfen werden, von unrealistischer Schuld los zu kommen. Unbedingt ist darauf zu achten, dass Schuldgefühle nicht durch unangemessene Äußerungen verstärkt werden. Eine für alle verständliche und umsichtige, die Würde aller Menschen beachtende Sprache, die nicht abgehoben von der Wirklichkeit ist, hilft den Mitfeiernden, das Geschehene zu akzeptieren und betroffene Personen in ihrer jeweiligen Situation zu erkennen.

Vorbereitende Überlegungen

In einem ersten Schritt ist mit den Angehörigen in gebotener seelsorglicher Form in Kontakt zu treten. Dabei kann das Angebot einer Gedenkfeier gemacht werden.

Bei Zustimmung soll der Rahmen der Feier und der Kreis der Beteiligten usw. miteinander besprochen werden. Es ist auf die Sinnhaftigkeit der Einbindung dieser Feier in die Gemeinschaft hinzuweisen. Danach sind die Zuständigkeiten und Ansprechpartner zu klären. Oft ergibt sich die Sinnhaftigkeit der konfessionsübergreifenden (ökumenischen) Feier. Manchmal sollten auch Vertreter bzw. Vertreterinnen anderer Religionen eingeladen werden. Auch Rettungs- und Hilfsorganisationen können für die Vorbereitung und Gestaltung der Feier wertvolle Hilfestellung und Anregungen geben (involvierte Seelsorger, Notfallseelsorger). Die Einbindung von Verantwortlichen im gesellschaftlichen Bereich und in der Politik kann mitunter notwendig und dienlich sein. Dennoch soll darauf geachtet werden, dass keine unzulässigen Grenzen überschritten werden: Die Kirche steht auf der Seite der Trauernden, der Opfer und der Betroffenen und nimmt sie gegebenenfalls vor Missbrauch und öffentlicher Inszenierung in Schutz. Bisherige Erfahrungen haben gezeigt, dass es angebracht ist, religiöse und gesellschaftspolitische Anliegen nicht miteinander zu vermischen.

Umsetzung

Die folgenden Überlegungen verstehen sich als Hilfestellung für die Gestaltung einer Wort-Gottes-Feier, die situationsbedingt unterschiedlich ist und den kulturell-sozialen Rahmen beachten soll.

- Eine genaue Absprache in der Vorbereitung klärt, wer die Verantwortung für die Gestaltung der Feier trägt und wer eingebunden wird, damit möglichst alle Betroffenen vertreten sind.
- Für Angehörige und Helfende soll die Möglichkeit bestehen aktiv in die Feier eingebunden zu werden.
- Die Zusammenarbeit mit anderen Konfessionen bzw. Religionen mit den unterschiedlichsten Erwartungen wird auf die Bedürfnisse der Betroffenen abgestimmt.
- Der Ort der Feier wird festgelegt.
- Wenn viele Menschen betroffen sind, werden auch die Einladungen entsprechend überlegt und ausgesprochen werden müssen.
- Ein Thema wird für die Feier festgelegt, das eine gezielte Zusammenstellung von Textstellen, Gebeten und Liedern ermöglicht.
- In den Texten und Gebeten finden auch persönliche und situationsbezogene Formulierungen ihren Platz.
- Die weltliche Musik, die Kirchenlieder, die Chorbeiträge werden sprachlich und musikalisch der Situation und den Lesungen angepasst.
- Besonders ist darauf zu achten, dass genügend Raum und Stille vorhanden sind, damit Trauer und Klage und Sprachlosigkeit möglich sind.
- Eine schlichte, geordnete Abfolge und der klare Stil fördern die Erlebbarkeit der Feier.
- Symbole und Rituale sind als wichtige Elemente in die Liturgie einzubeziehen:
  – Lichtritual, z.B. Kerzen für jeden einzelnen Vermissten aufstellen und anzünden,
  Weihrauchritual,

- mit Fotografien das Bild des Vermissten in Erinnerung rufen,
- Blumen als Gestaltungsmittel einsetzen, z.B. Angehörige bringen für jeden Vermissten eine Blume,
- das Verlesen der Namen der Vermissten mit einem Glockenschlag beginnen und beenden.

- Die Ambivalenz der Symbole ist zu beachten; dies macht einen vorsichtigen Umgang erforderlich. Nach einer Flutkatastrophe ist mit dem Symbol Wasser vorsichtig umzugehen, ähnliches gilt bei entsprechend anderen Elementen in anderen Notfallsituationen.

4.4 Empfehlung für einen Ort der Erinnerung

Gedenktafel
In der Nachkriegszeit des 1. und 2. Weltkrieges wurde von den politischen Gemeinden Gedenktafeln für die Gefallenen aufgestellt – oft in der Nähe der Kirche, z. T. im Vorraum zur Kirche bzw. auf dem Friedhof. In der Regel wurden auch die Namen der im Krieg vermissten Soldaten aufgeführt. Dadurch wurde für die Vermissten eine Verortung in der Heimatgemeinde geschaffen. Der Vermisste hatte seinen Platz in der Heimat, sein Name war präsent. Für die Angehörigen wurde so die Möglichkeit geschaffen, eine bleibende Erinnerung an das menschliche Dasein des Vermissten zu pflegen.

Einen Ort der Erinnerung für Vermisste schaffen
In der Tradition dieses Gedenkens an Vermisste bietet sich die Möglichkeit an, einen Ort des Erinnerns für Vermisste unserer Zeit in der Pfarrgemeinde zu schaffen. Auch in unserer Zeit verschwinden Menschen z.B. durch ein vermutetes und noch nicht aufgeklärtes Verbrechen, durch Unglücke wie z.B. einen Unfall in den Bergen bzw. durch Naturkatastrophen wie die Flutwelle in Südostasien Weihnachten 2004. Für die Angehörigen kann es hilfreich sein, einen Ort in ihrer Nähe zu haben, wo der Vermisste einen Platz bekommt, wo sein Name präsent bleibt.

Ein solcher Ort könnte eine Gedenktafel sein, die in der Kirche oder im Vorraum der Kirche angebracht wird. Die Gedenktafel kann künstlerisch gestaltet sein. Sie könnte z.B. das Thema Vermissen, das Gefühl zwischen Hoffen und Bangen, das Vermissende haben, ausdrücken. Wichtig wäre, dass die Gedenktafel aus mehreren kleinen Tafeln besteht – für jede vermisste Person eine Tafel –, so dass die Möglichkeit besteht, bei der Bestätigung des Todes bzw. der Rückkehr des Vermissten die Tafel wegzunehmen. Bei dem bestätigten Tod des Vermissten – und wenn die Möglichkeit für ein Begräbnis besteht – könnte die Tafel mit dem Toten beerdigt werden. Wenn eine Beerdigung nicht möglich ist, dann sollte auf der Tafel der Tod des vermissten Menschen niedergeschrieben werden.

Auf der Vermisstentafel sollte vermerkt werden:

- der Name des Vermissten
- das Geburtsdatum
- wenn bekannt: der Tag des Vermissens (Verschwindens)
- wenn bekannt: der Ort des Vermissens.

4.5 Gedenkfeier für vermisste Menschen

1. Gestaltung des Ortes

Blumen, Kerzen (nicht die Osterkerze verwenden, da sie für Tod und Auferstehung steht), Bild(er) des / der Vermissten, Gedenktafel

2. Ablauf einer Gedenkfeier

- Begrüßung und einleitende Worte
- Lied
- Gebet für den/die vermissten Menschen und die Angehörigen
- Tafel mit dem/den Namen der vermissten Person/en segnen, anschließend Anbringen der Tafel (wenn die Tafel schon befestigt ist: Tafel enthüllen, dann segnen)
- Kerze vor der Gedenktafel entzünden
- Biblische Lesung
- Ansprache
- Fürbitten, evtl. mit Weihrauchritual

- Gemeinsames Beten des Vaterunsers
- Segensgebet
- Lied

3. Einzelne Elemente

Sinnspruch
Gott gebe uns die Kraft, die Lasten des Lebens zu tragen; wenn wir in der Dunkelheit stehen, ist er ein Licht auf unserem Wege. (Martin Luther King)

Mögliche Lieder
– Erhöre, Herr, erhöre mich, GL 167,1.2.4.6
– Im Dunkel unserer Ängste, Troubadour Nr. 687
– All eure Sorgen, Troubadour Nr. 689
– Hoffen wider alle Hoffnung, Troubadour Nr. 709
– Geh' mit uns auf diesem Weg durch das Tal der Plagen, Unterwegs 85
– Meine Zeit steht in deinen Händen, Troubadour Nr. 759
– Herr, erbarme dich (für die Fürbitten), GL 358,3
– Ich ruf dich an, Herr, Gott erhöre mich (für die Fürbitten), GL 171,1
– Komm, Schöpfer Geist, GL 245,1.2.4
– Komm, o Tröster, Heilger Geist, GL 250
– Ich steh vor dir mit leeren Händen, Herr, GL 621
– Maria, breit den Mantel aus, GL 595, 1.2.4
– Psalm 121 (gesprochen) und Kehrvers GL 712,1

Gebet für einen vermissten Menschen
Das Gebet sollte beinhalten:
- den Namen des Vermissten,
- den Grund für sein Vermisstsein,
- Bitte um Gottes Schutz und Segen für den Vermissten, wo immer er auch ist
- Bitte um Gottes Kraft für die Betroffenen

Mögliche biblische Texte

- Psalmen, z.B. 13, 22, 77, 102, 121, 130
- Jes 43, 1-3a
- Mt 11, 28-30
- Röm 8, 31-32. 35-39
- 1 Kor 13
- Offb 21, 3-5

Fürbitten mit Weihrauchritual

Fürbitten sprechen für:

- den/die vermissten Menschen
- die Angehörigen des/der vermissten Menschen
- die Verwandten, Freunde, Arbeitskollegen, Schulfreunde des/der Vermissten
- die Menschen in den tätigen Hilfsorganisationen
- die Pfarrgemeinde, zu der der/die Vermisste/n gehört/gehören

Nachdem eine Fürbitte vorgetragen wurde, wird ein Weihrauchkorn in ein bereitgestelltes Gefäß mit brennender Kohle gelegt, so dass der Rauch und Wohlgeruch symbolisch als Gebet zu Gott aufsteigen.

Segensgebet[13]

Wenn der Boden
unter meinen Füßen schwankt,
wenn ich zwischen Hoffen und Bangen lebe
und sich kein Ende abzeichnet,
dann reich' mir deine Hand
und halte mich fest.

Wenn ich keinen Boden mehr
unter meinen Füßen spüre,
wenn meine Gefühle mich in Untiefen hinabstürzen,
dann stell' du mich auf festen Grund.

13 Nach dem Segensgebet „Bleibe bei uns mit deinem Segen“ von Uwe Seidel.

Wenn die Erde sich auftut,
um mich zu verschlingen,
wenn ich in mir nichts mehr spüre
und meine Augen leer geweint sind,
dann umgib du mich mit deiner Liebe.

So bleibe bei uns allen,
mit deinem Segen für Leib und Seele.
So bleibe bei uns allen,
mit deiner Kraft für Geist und Sinn.
So bleibe bei uns,
mit deiner Liebe auf all unseren Wegen.
Bleibe bei uns, Herr,
mit deinem Segen.

Autoren

Fischhold, Alexander, Stellvertreter des Diözesanbeauftragten für Notfallseelsorge, Erzdiözese München und Freising

Keller, Ulrich, Fachreferent für Trauerpastoral, Erzb. Ordinariat München und Freising

Krüsmann, Marion, Dipl.-Psychologin, Lehrstuhl für Klinische Psychologie und Psychotherapie, Traumaambulanz an der LMU-München

Müller-Cyran, Andreas, Diakon, Diözesanbeauftragter für Notfallseelsorge, Erzdiözese München und Freising

Röthlein, Hans-Joachim., KIBBS (Kriseninterventions- und Bewältigungsteam Bayerischer Schulpsychologen), Psychologischer Psychotherapeut

Rüttiger, Dr. Gabriele, Fachbereichsleiterin Schulpastoral, Erzb. Ordinariat München und Freising

Schwibach, Dieter, Diözesanbeauftragter für Notfallseelsorge, Diözese Passau, Sprecher der Konferenz der Bayerischen Notfallseelsorger

Herausgeber des Textes

Erzb. Ordinariat München, Seelsorgereferat I
Prälat Josef Obermaier
Rochusstraße 5
80333 München
http://www.erzbistum-muenchen.de

Herausgeber und Mitarbeiterinnen / Mitarbeiter

Herausgeber

Dr. Konrad Baumgartner, Professor für Praktische Theologie (Pastoraltheologie) an der Kath.-Theol. Fakultät der Universität Regensburg, Leiter des Projektes „Trauerforschung/ -begleitung“, 93040 Regensburg

Mitarbeiterinnen / Mitarbeiter

Dr. Jürgen Bärsch, Professor für Liturgiewissenschaft an der Theologischen Fakultät der Kath.-Theol. Universität Eichstätt, 85071 Eichstätt, P.-Philipp-Jeningen-Platz 6

Dr. Konrad Baumgartner, Professor für Praktische Theologie (Pastoraltheologie) an der Kath.-Theol. Fakultät der Universität Regensburg, Bildungshaus Schloss Spindlhof, 93128 Regenstauf

Marlies Bernhard/ Doris Kellner, Dipl.-Theol. / Ursula Schmid, Klinikseelsorgerinnen, 86156 Augsburg, Stenglinstrasse 7

Erzdiözese München und Freising, Erzbischöfliches Ordinariat, Seelsorgereferat I, (Prälat Josef Obermaier), 80333 München, Rochusstrasse 5

Martina Görke-Sauer, Dipl.-Theol., Trauerrednerin und Ritualdesignerin, 76131 Karlsruhe, Humboldtstrassse 17

Werner Gutheil, Klinikpfarrer am Klinikum Stadt Hanau, Mitarbeiter in der ambulanten Hospizbewegung in Trägerschaft des Caritasverbandes für den Main-Kinzig Kreis, Kursleiter für die Liturgische Ausbildung von Laien im Bistum Fulda.
83450 Hanau, Jahnstrasse 20

Marie-Luise Januszewicz, Krankenhausseelsorgerin i. R., Bildungshaus Schloss Spindlhof, 93128 Regenstauf

Sabine Holzschuh, Studium der Katholischen Theologie und Sozialpädagogik, Doktorandin und Mitarbeiterin beim Projekt „Trauerforschung und Trauerbegleitung" am Lehrstuhl für Pastoraltheologie der Universität Regensburg.
93128 Regenstauf, Am Marktlehenfeld 4

Dr. Wolfgang Holzschuh, Mitarbeiter am Lehrstuhl für Pastoraltheologie der Universität Regensburg für das Projekt „Trauerforschung und Trauerbegleitung" / Diakon, Supervisor (DGSv).
93128 Regenstauf, Am Marktlehenfeld 4

Dr. theol. habil. Thomas Schnelzer, Privatdozent für Pastoraltheologie/ -psychologie an der Universität Regensburg und Mitarbeiter am Projekt „Trauerforschung und Trauerbegleitung";
klinisch praktizierender Psychologe.
94315 Straubing, Eichendorffstrasse 58